Impressum
Verlag: BABADADA GmbH, Nedderfeld 112 , 22529 Hamburg
Geschäftsführer / Verlagsleitung: Harald Hof
Druck: Books on Demand GmbH, In de Tarpen 42, 22848 Norderstedt

Imprint
Publisher: BABADADA GmbH, Nedderfeld 112 , 22529 Hamburg, Germany
Managing Director / Publishing direction: Harald Hof
Print: Books on Demand GmbH, In de Tarpen 42, 22848 Norderstedt

1

ikigo c' amashure

σχολείο

ishure
σχολική τάξη
kugabura
διαιρώ
186/2
urubaho
πίνακας
ikibuga c' ishure
σχολική αυλή
umwigisha
δάσκαλος
urukaratasi
χαρτί
kwandika
γράφω
ikaramu
στυλό
ameza yo kwandikirako
γραφείο
agacamurongo
χάρακας
igitabo
βιβλίο
umunyeshure
μαθητής

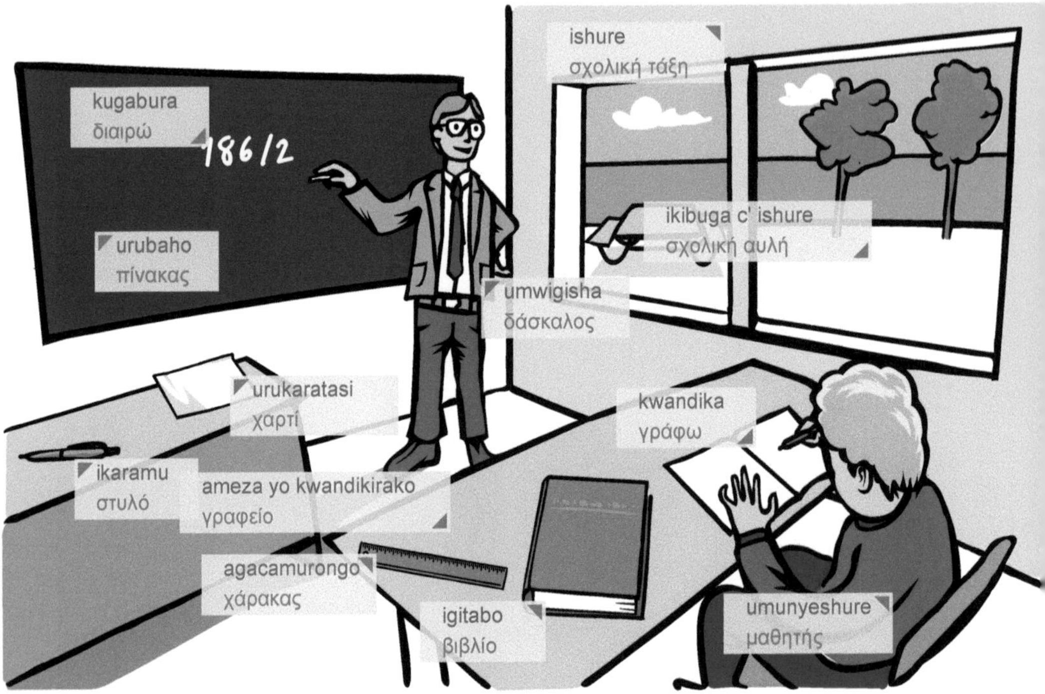

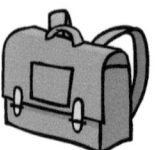

isakoshi y'' ishure

σχολική τσάντα

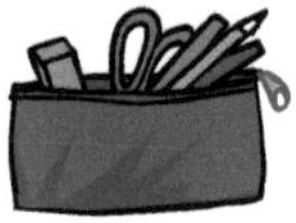

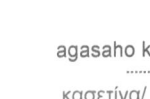

agasaho k' amakaramu

κασετίνα/ μολυβοθήκη

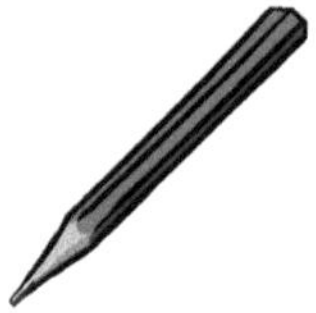

ikaramu y igiti

μολύβι

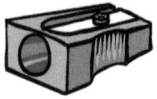

agasongozo k ikaramu y igiti

ξύστρα

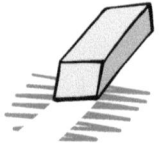

igome

γόμα

ikaye yo gucapamwo

μπλοκ ζωγραφικής

igicapo

ζωγραφική

ikaramu bacapisha irangi

πινέλο

agasandugu kamabara

κουτί χρωμάτων

imikasi

ψαλίδι

kore

κόλλα

ikaye y' imyimenyerezo

τετράδιο ασκήσεων

imyimenyerezo yo muhira

εργασία για το σπίτι

igiharuro

αριθμός

guteranya

προσθέτω

gukuramwo

αφαιρώ

kugwiza

πολλαπλασιάζω

guharura

υπολογίζω

urudome

γράμμα

indome

αλφάβητο

ijambo

λέξη

igisomwa
κείμενο

gusoma
διαβάζω

ingwa
κιμωλία

icigwa
μάθημα

igitabo c' ishure
εγγράφομαι

ikibazo
τεστ

impamyabushobozi
πιστοποιητικό

impuzu y' ishure
μαθητική στολή

kwiga
εκπαίδευση

kazinduzi
εγκυκλοπαίδεια

kaminuza
πανεπιστήμιο

mikorosikopi
μικροσκόπιο

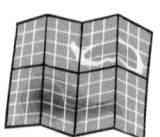

ikarata
χάρτης

agaseke bajugunyamo
amakaratasi
καλάθι αχρήστων

urugendo
ταξίδι

ihoteli
ξενοδοχείο
Grand
ihoteli ntoya
ξενώνας
ROOMS
EXCHANGE
ku bavunjayi
ανταλλακτήρια συναλλάγματος
isandugu
βαλίτσα
umuduga
αυτοκίνητο

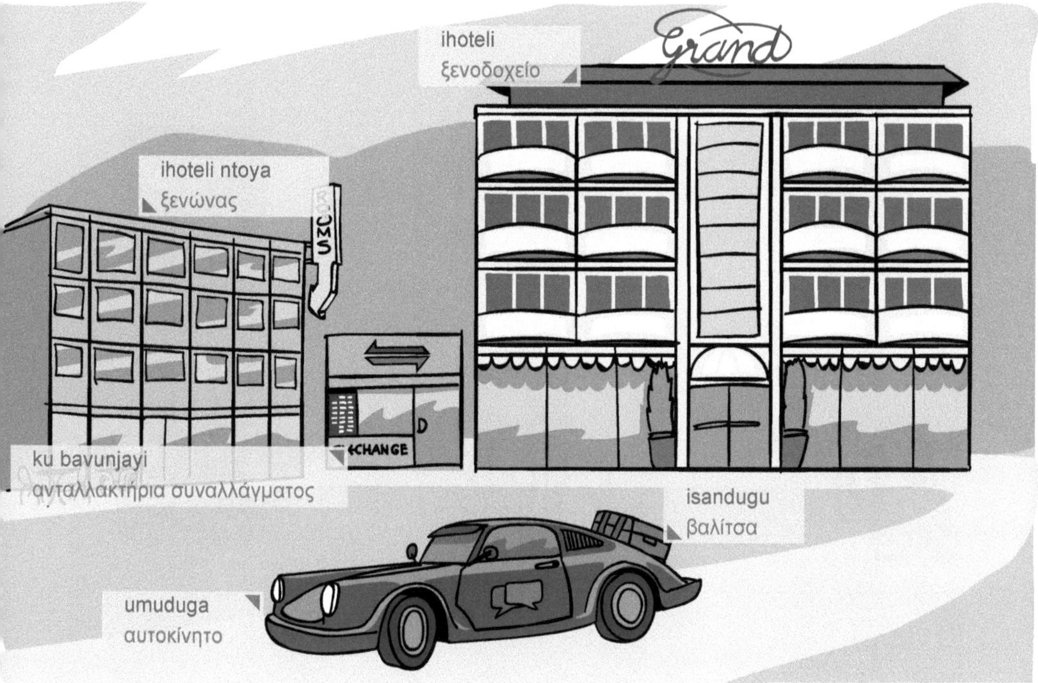

ururimi

γλώσσα

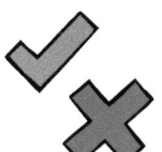

ego / oya

ναι / όχι

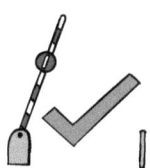

ego

εντάξει

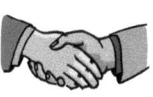

amahoro!

γεια σου

umuntu asigura

μεταφραστής

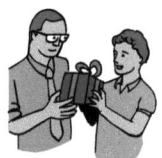

ndashimye

Ευχαριστώ

ni angahe?

πόσο κάνει ;

sindabitahura

Δε καταλαβαίνω

ingorane

πρόβλημα

mwiriwe!

Καλησπέρα!

mwaramutse

Καλημέρα!

ijoro ryiza!

Καληνύχτα!

nakagaruka

Αντίο

inzira

κατεύθυνση

imizigo

αποσκευές

igapo

τσάντα

isaho baheka mu mugongo

σακίδιο πλάτης

umushitsi

καλεσμένος

icumba

δωμάτιο

umufuko wo kuraramo mu rugendo

υπνόσακος

ihema

σκηνή

kumenyesha ingenzi

τουριστικές πληροφορίες

ku musenyi

παραλία

ikarata y' amahera

πιστωτική κάρτα

ifunguro rya mugatondo

πρωινό

ifunguro ryo ku murango

μεσημεριανό

ifunguro ry 'ijoro

δείπνο

itike

εισιτήριο

ingazi y' umuyagankuba

ανελκυστήρας

umukono

γραμματόσημο

umupaka

σύνορα

duwane

τελωνείο

ubuserukizi bw' igihugu

πρεσβεία

viza

βίζα

pasiporo

διαβατήριο

gutwara abantu n' ibintu

μεταφορά

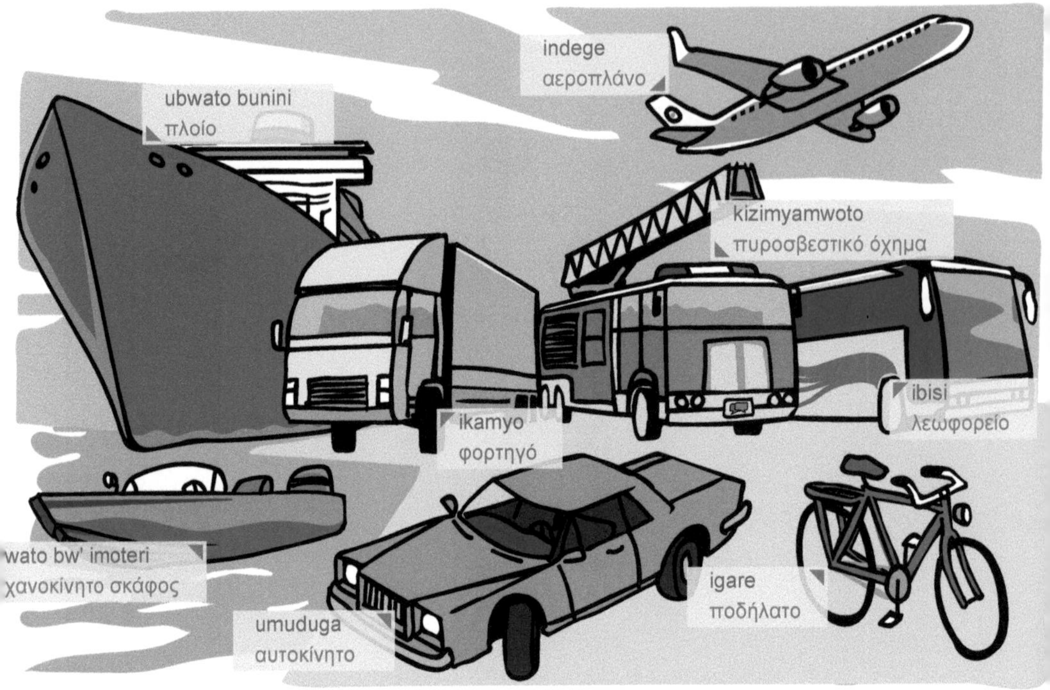

indege
αεροπλάνο
ubwato bunini
πλοίο
kizimyamwoto
πυροσβεστικό όχημα
ibisi
λεωφορείο
ikamyo
φορτηγό
wato bw' imoteri
χανοκίνητο σκάφος
igare
ποδήλατο
umuduga
αυτοκίνητο

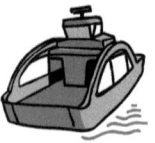

ubwato bunini

φεριμπότ

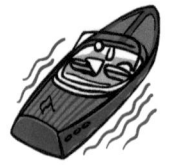

ubwato

βάρκα

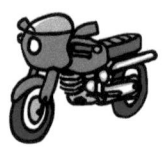

ipikipiki

μοτοσικλέτα

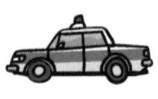

umuduga w' igipolisi

περιπολικό

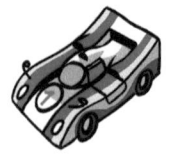

umuduga wa kuruse

αγωνιστικό αυτοκίνητο

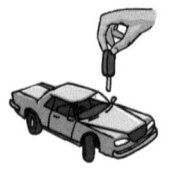

umuduga bakodesha

ενοικιαζόμενο αυτοκίνητο

gukoresha imodoka imwe muri benshi

διαμοιρασμός αυτοκινήτων

uruduga ruheka izindi

γερανός

umuduga utwara umucafu

απορριμματοφόρο

imoteri

κινητήρας

igitoro

καύσιμο

ubunywero bw'ibitoro

βενζινάδικο

ibirango vyo ku mabarabara

πινακίδα σήμανσης

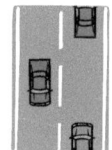

uruja n' uruza

κυκλοφορία

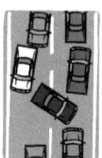

akajagari k' imiduga mw' ibarabara

κυκλοφοριακή συμφόρηση

igituro c' imiduga

χώρος στάθμευσης

igituro ca gari ya moshi

σιδηροδρομικός σταθμός

ibarabara rya gari ya moshi

σιδηροδρομικές γραμμές

gari ya moshi

τρένο

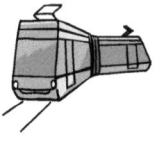

gari ya moshi bita tram

τραμ

igipande ca gari ya moshi

βαγόνι

kajugujugu

ελικόπτερο

ikibuga c' indege

αεροδρόμιο

umunara

πύργος

ingenzi

επιβάτης

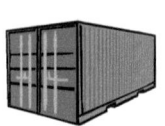

konteneri

εμπορευματοκιβώτιο

ikarato

χαρτοκιβώτιο

isharete

καρότσι

icibo

καλάθι

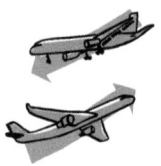

kuguruka / kugwa

απογειώνομαι /
προσγειόνομαι

igisagara

πόλη

umutumba

χωριό

hagati mu gisagara

κέντρο της πόλης

inzu

σπίτι

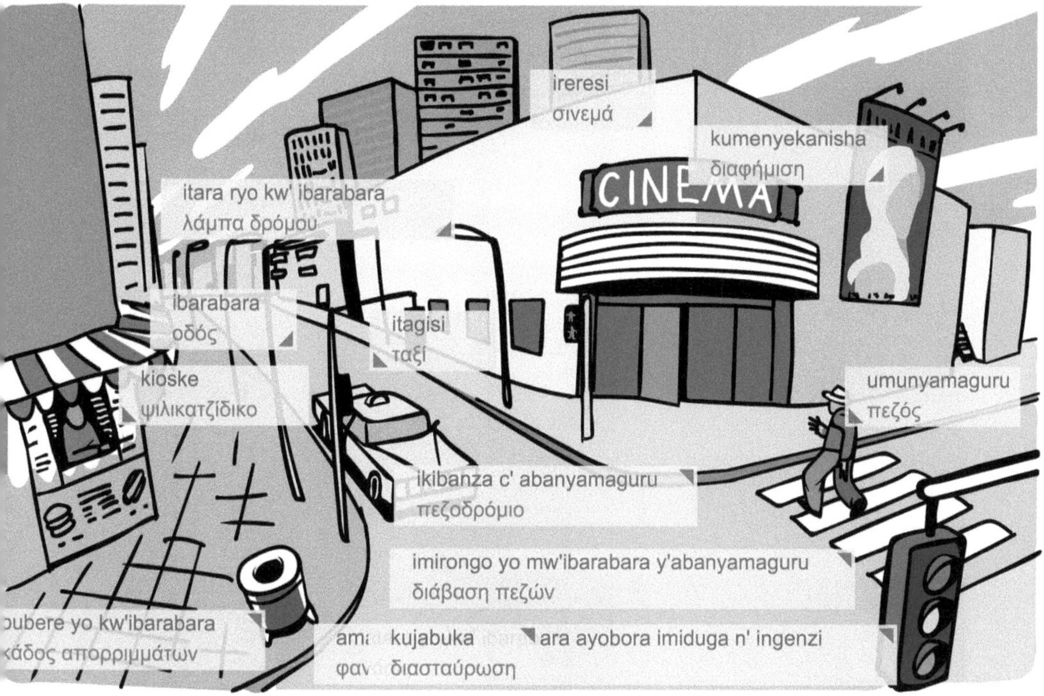

ireresi
σινεμά

kumenyekanisha
διαφήμιση

itara ryo kw' ibarabara
λάμπα δρόμου

ibarabara
οδός

itagisi
ταξί

kioske
ψιλικατζίδικο

umunyamaguru
πεζός

ikibanza c' abanyamaguru
πεζοδρόμιο

imirongo yo mw'ibarabara y'abanyamaguru
διάβαση πεζών

ubere yo kw'ibarabara
κάδος απορριμμάτων

ama kujabuka ara ayobora imiduga n' ingenzi
φαν διασταύρωση

akazu k' ikirundi

καλύβα

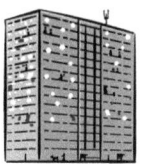

aparitema

διαμέρισμα

igituro ca gari ya moshi

σιδηροδρομικός σταθμός

meri

δημαρχείο

iratiro ry' ivyakera

μουσείο

ikigo c' amashure

σχολείο

kaminuza

πανεπιστήμιο

ibanki

τράπεζα

ibitaro

νοσοκομείο

ihoteli

ξενοδοχείο

farumasi

φαρμακείο

ibiro

γραφείο

aho badandaza ibitabo

βιβλιοπωλείο

akaduka

κατάστημα

umudandaza w'amashugwe

ανθοπωλείο

supermarshe

σούπερ μάρκετ

isoko

αγορά

iduka

πολυκατάστημα

umudandaza w' amafi

ιχθυοπωλείο

ihuriro ry'amaduka

εμπορικό κέντρο

ikivuko

λιμάνι

ikibanza batemberamwo

πάρκο

intebe ndende

παγκάκι

ikiraro

γέφυρα

ingazi

σκάλες

gari ya moshi bita métro

μετρό

ibarara ry' indani y' isi

τούνελ

igituro c' amabisi

στάση λεωφορείου

ubunywero

μπαρ

resitora

εστιατόριο

ahaja amakete

γραμματοκιβώτιο

ikirango co kw' ibarabara

πινακίδα δρόμου

isaha yo ku gituro c' imiduga

παρκόμετρο

iratiro ry' ibikoko

ζωολογικός κήπος

pisine

πισίνα

umusigiti

τζαμί

ubwororero

αγρόκτημα

konona ibidukikije

ρύπανση

akaburi

νεκροταφείο

kw'isengero

εκκλησία

ikibuga

παιδική χαρά

inyubako za kera bita
temple

ναός

imisozi

τοπίο

ikibabi
φύλλο

ivyapa
πινακίδα κατεύθυνσης

inzira
δρόμος

ubwatsi bita gazon
λιβάδι

ibuye
πέτρα

umuntu atembera kure n' amaguru
πεζοπόρος

igiti
δέντρο

uruzi
ποτάμι

ubwatsi
χορτάρι

ishugwe
λουλούδι

ikiyaya

κοιλάδα

umusozi

λόφος

ikiyaga

λίμνη

ishamba

δάσος

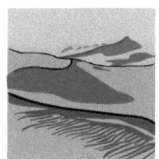

ubugaragwa

έρημος

ikirunga

ηφαίστειο

ishato

κάστρο

umunywamazi

ουράνιο τόξο

ikizinu

μανιτάρι

ikigazi

φοίνικας

umubu

κουνούπι

isazi

μύγα

urutozi

μυρμήγκι

uruyuki

μέλισσα

igitangurigwa

αράχνη

imisozi - τοπίο

agakoko gato bita
coléoptère

σκαθάρι

igikere

βάτραχος

agakoko bita écureuil

σκίουρος

ikinyogote

σκαντζόχοιρος

urukwavu

λαγός

igihuna

κουκουβάγια

inyoni

πουλί

imbata

κύκνος

ingurube y' ishamba

αγριογούρουνο

idubu

ελάφι

igikoko bita élan

άλκη

urugomero

φράγμα

icuma gitanga
umuyagankuba

ανεμογεννήτρια

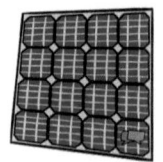

ikimuri c' imishwarara

ηλιακός συλλέκτης

igihe

κλίμα

resitora
εστιατόριο

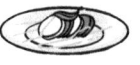

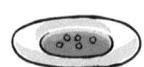

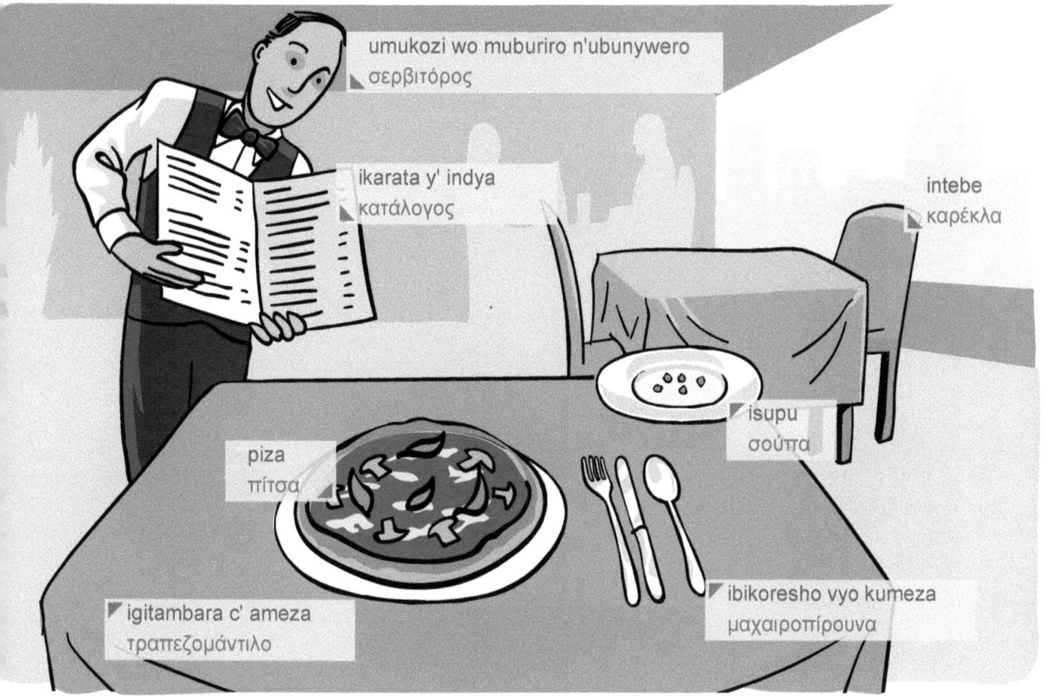

umukozi wo muburiro n'ubunywero
σερβιτόρος
ikarata y' indya
κατάλογος
intebe
καρέκλα
isupu
σούπα
piza
πίτσα
ibikoresho vyo kumeza
μαχαιροπίρουνα
igitambara c' ameza
τραπεζομάντιλο

indya y' ibanze

ορεκτικό

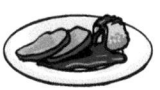

indya nkuru

κύριο πιάτο

deseri

επιδόρπιο

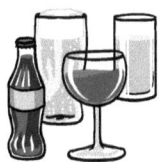

inyobwa

ποτά

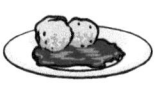

infungugwa

φαγητό

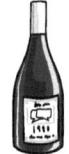

icupa

μπουκάλι

infungugwa batekanye ingoga

φαστ φουντ

Infungugwa barya bagenda

φαγητό στ' όρθιο

ibirika y' icayi

τσαγιέρα

agakopo k' isukari

δοχείο ζάχαρης

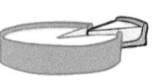

igipande c' indya

μερίδα

imachini ikora espresso

μηχανή εσπρέσο

intebe ndende

ψηλή καρέκλα

inyemazabuguzi

λογαριασμός

ako batwarako infungugwa

δίσκος

imbugita yo kumeza

μαχαίρι

ikanya

πιρούνι

ikiyiko

κουτάλι

akayiko k' icayi

κουταλάκι του τσαγιού

seriviyeti

πετσέτα φαγητού

ikirahuri

ποτήρι

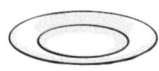

isahani

πιάτο

isahani y' isupu

πιάτο σούπας

isutasi

πιατάκι φλιτζανιού

isosi

σάλτσα

akanyanyagiza umunyu ku ndya

αλατιέρα

agasya ipiripiri

μύλος για πιπέρι

vinaigre

ξύδι

amavuta

λάδι

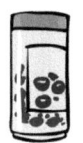

indyoshandya

μπαχαρικά

kecapu

κέτσαπ

mutaride

μουστάρδα

mayoneze

μαγιονέζα

supermarshe
σούπερ μάρκετ

ivyagabanyijwe igiciro
προσφορά
FOR
umuguzi
πελάτης
ibiva ku mata
γαλακτοκομικά προϊόντα
icamwa
φρούτα
agakinga ko mw' iduka
καρότσι για ψώνια

BUTCHERS

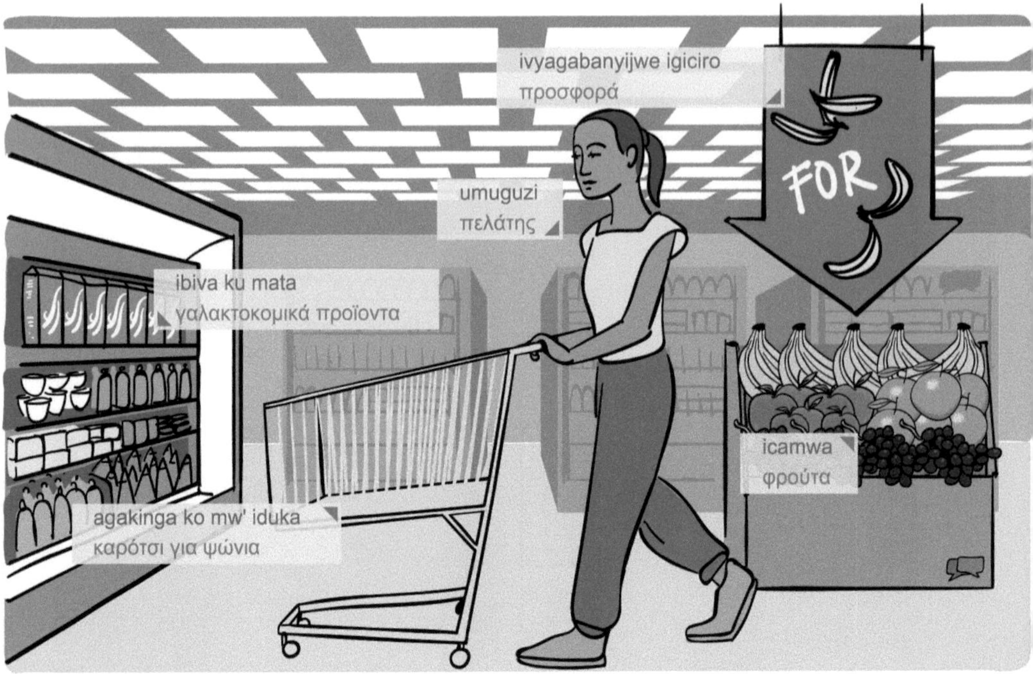

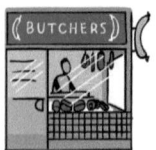

amacuniro

κρεοπωλείο

BAKERY

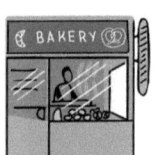

iburangeri

φούρνος

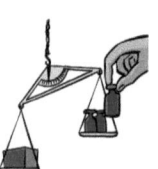

gupima

ζυγίζω

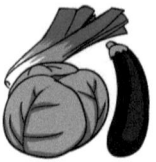

imboga

λαχανικά

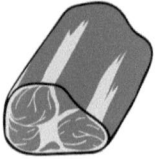

inyama

κρέας

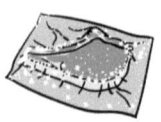

Imfungurwa zikanye cane

κατεψυγμένα τρόφιμα

infungugwa bita charcuterie
en tranches
αλλαντικά

amafunguro yo mu
mabwate
κονσερβοποιημένη τροφή

isabune yo kumesura
απορρυπαντικό ρούχων

ibisosa
γλυκά

ibikoresho vyo muhira
οικιακά είδη

ibikoresho vy'isuku
καθαριστικά προϊόντα

umudandaza
πωλήτρια

kese
ταμείο

umuntu yakira amahera
ταμίας

urutonde rw' ibidandazwa
λίστα για ψώνια

amasaha yo kugurura
ωράριο λειτουργίας

ingodomoni
πορτοφόλι

ikarata y' amahera
πιστωτική κάρτα

isakoshe
τσάντα

ishakoshe ya parastike
πλαστική σακούλα

amazi

νερό

umutobe

χυμός

amata

γάλα

koka

κόκα κόλα

umuvinyo

κρασί

ikiyeri

μπίρα

inzoga

αλκοόλ

kakao

κακάο

icayi

τσάι

ikawa

καφές

ikawa yitwa espresso

εσπρέσο

ikawa yitwa kapucino

καπουτσίνο

umuhwi

μπανάνα

ipome

μήλο

umucungwe

πορτοκάλι

icamwa bita melon

πεπόνι

indimu

λεμόνι

ikaroti

καρότο

igitungurusumu

σκόρδο

umugano

μπαμπού

igitunguru

κρεμμύδι

ikizinu

μανιτάρι

ibiyoba

ξηροί καρποί

amakaroni

νουντλς

spagetti

μακαρόνια

umuceri

ρύζι

isarade

σαλάτα

ifiriti

πατατάκια

ifiriti

τηγανητές πατάτες

piza

πίτσα

hamburugere

χάμπουργκερ

sandwich

σάντουιτς

infungugwa bita escalope

κοτολέτα

jambo

ζαμπόν

salami

σαλάμι

isosiso

λουκάνικο

inyama y' inkoko

κοτόπουλο

umusoso

ψητό

ifi

ψάρι

infungugwa bita flocons d'
avoine

χυλός βρώμης

imfungugwa bita müsli

μούσλι

infungugwa bita corn -
flakes

κορν φλέικς

ifarini

αλεύρι

umukate bita croissant

κρουασάν

umukate muto

ψωμάκι

umukate

ψωμί

umukate bashusha

τοστ

ibisuguti

μπισκότα

amavuta

βούτυρο

iforomaji yera

τυρόπηγμα

igato

κέικ

irigi

αυγό

amafunguro bita oeuf au
plat

τηγανητό αυγό

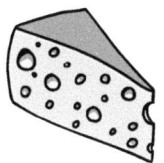

iformaji

τυρί

infungugwa bita crème
glacée

παγωτό

isukari

ζάχαρη

ubuki

μέλι

ikonfitire

μαρμελάδα

imfungugwa bita praliné

άλλειμμα σοκολάτας

infungugwa bita curry

κάρυ

ubwororero
αγρόκτημα

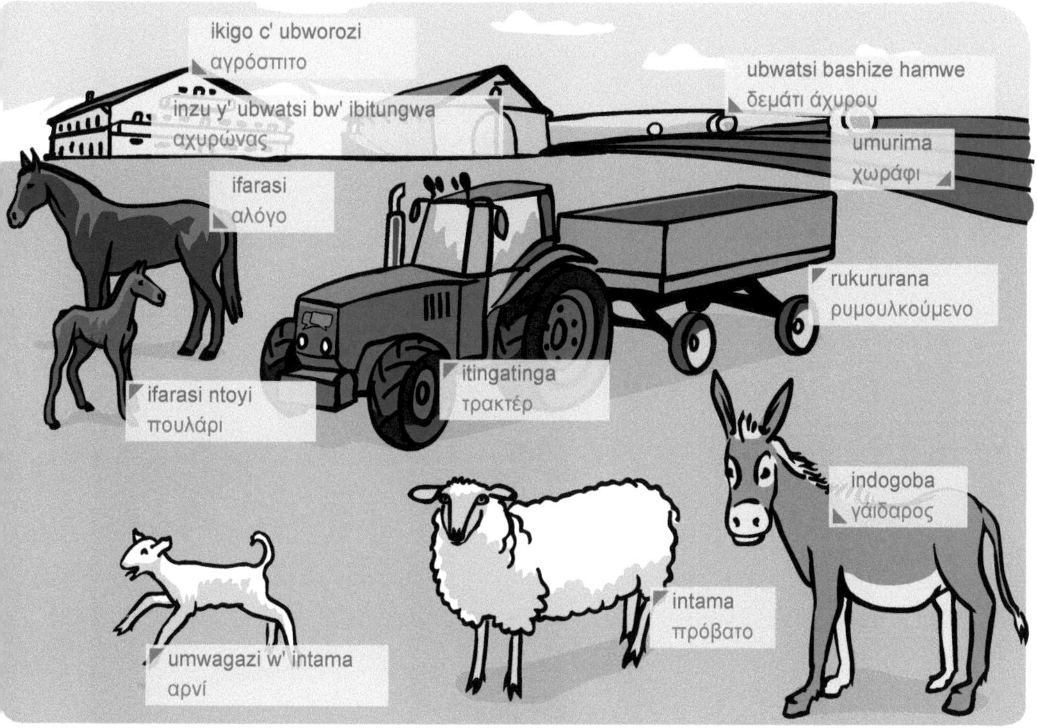
ikigo c' ubworozi
αγρόσπιτο
inzu y' ubwatsi bw' ibitungwa
αχυρώνας
ubwatsi bashize hamwe
δεμάτι άχυρου
umurima
χωράφι
ifarasi
αλόγο
rukururana
ρυμουλκούμενο
itingatinga
τρακτέρ
ifarasi ntoyi
πουλάρι
indogoba
γάιδαρος
intama
πρόβατο
umwagazi w' intama
αρνί

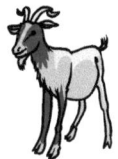

impene

κατσίκα

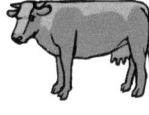

inka

αγελάδα

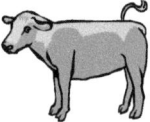

inyana

μοσχαράκι

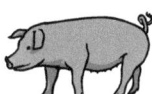

ingurube

γουρούνι

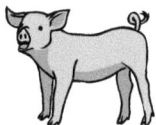

ikibuguru

γουρουνάκι

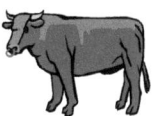

impfizi

ταύρος

inyoni yitwa oie

χήνα

imbata

πάπια

umuswi

κοτοπουλάκι

inkokokazi

κότα

isake

κόκορας

imbeba nini

αρουραίος

akayabu

γάτα

imbeba

ποντίκι

ishuri

βόδι

imbwa

σκύλος

umusaka w'imbwa

σπιτάκι σκύλου

umuringoti wo kuvomerera umurima

λάστιχο κήπου

ico bakoresha basukira amashurwe

ποτιστήρι

urukero

θεριστήρι

majagu

αλέτρι

umuhoro
δρεπάνι

isuka
τσάπα

ikinyanyagiza ibitabizo irya n'ino
δίκρανο

ishoka
τσεκούρι

inkorofani
χειράμαξα

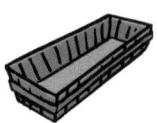

ubwato
ταΐστρα

icansi
δοχείο γάλακτος

umufuko
σάκος

urugo
φράχτης

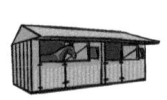

indaro y' ibitungwa
στάβλος

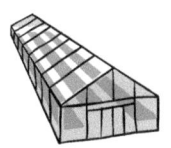

utuzu bashusha kugirango ibimera birimwo bikure
θερμοκήπιο

isi
έδαφος

imbuto
σπόρος

ifumbire
λίπασμα

imashini yimbura
θεριζοαλωνιστική μηχανή

kwimbura

θερίζω

umwimbu

συγκομιδή

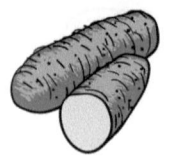

infungugwa bita igname

γιαμς

ingano

σιτάρι

isoya

σόγια

ikiraya

πατάτα

ikigori

καλαμπόκι

ubwoko bw' ingano bita
colza

κράμβη

igiti c' ivyamwa

οπωροφόρο δέντρο

imyumbati

μανιόκα

ibinyantete

δημητριακά

inzu

σπίτι

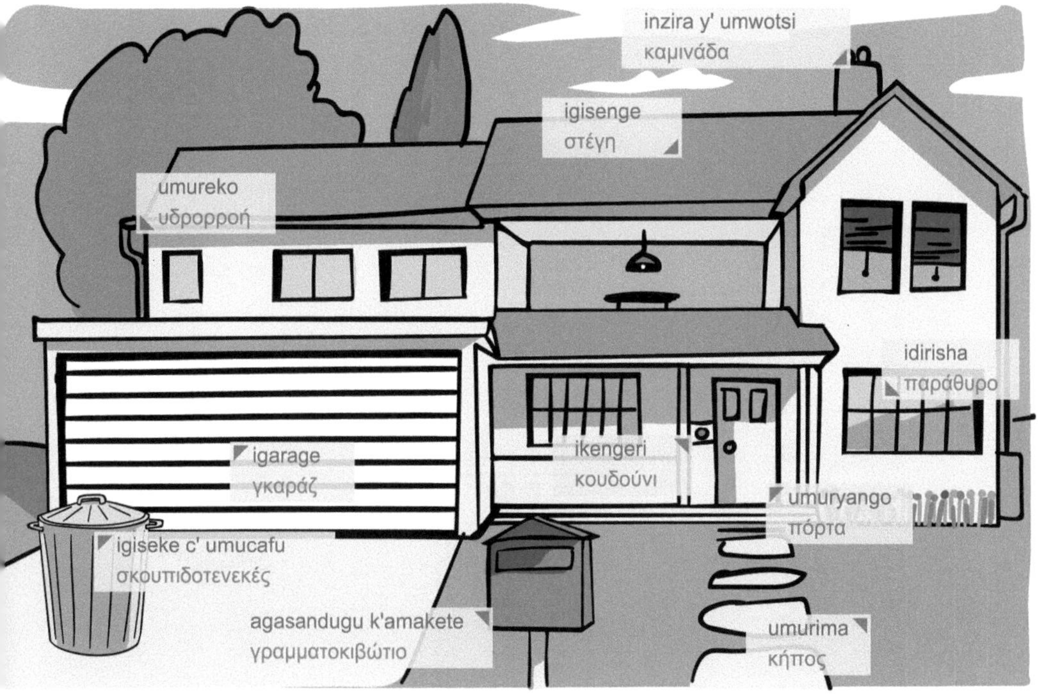

inzira y' umwotsi
καμινάδα
igisenge
στέγη
umureko
υδρορροή
idirisha
παράθυρο
igarage
γκαράζ
ikengeri
κουδούνι
umuryango
πόρτα
igiseke c' umucafu
σκουπιδοτενεκές
agasandugu k'amakete
γραμματοκιβώτιο
umurima
κήπος

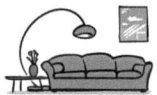

isaro

σαλόνι

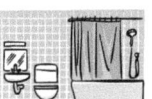

ubwogero

μπάνιο

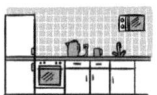

igikoni

κουζίνα

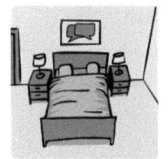

icumba co kuraramo

υπνοδωμάτιο

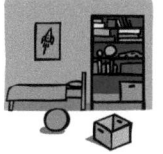

icumba c' umwana

παιδικό δωμάτιο

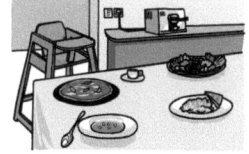

uburiro

τραπεζαρία

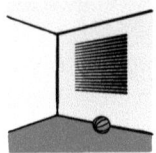

hasi

πάτωμα

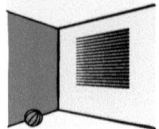

uruhome

τοίχος

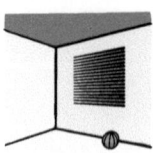

igisenge c' inzu

οροφή

kave

κελάρι

sauna

σάουνα

ibaraza

μπαλκόνι

ibaraza

βεράντα

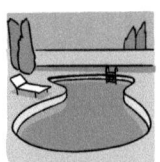

aho bogera

πισίνα

itondezi

μηχανή του γκαζόν

igikaratasi

σεντόνι

uburengeti

κάλυμμα κρεβατιού

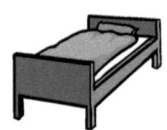

uburiri

κρεβάτι

umweyerezo

σκούπα

indobo

κουβάς

akabuto

διακόπτης

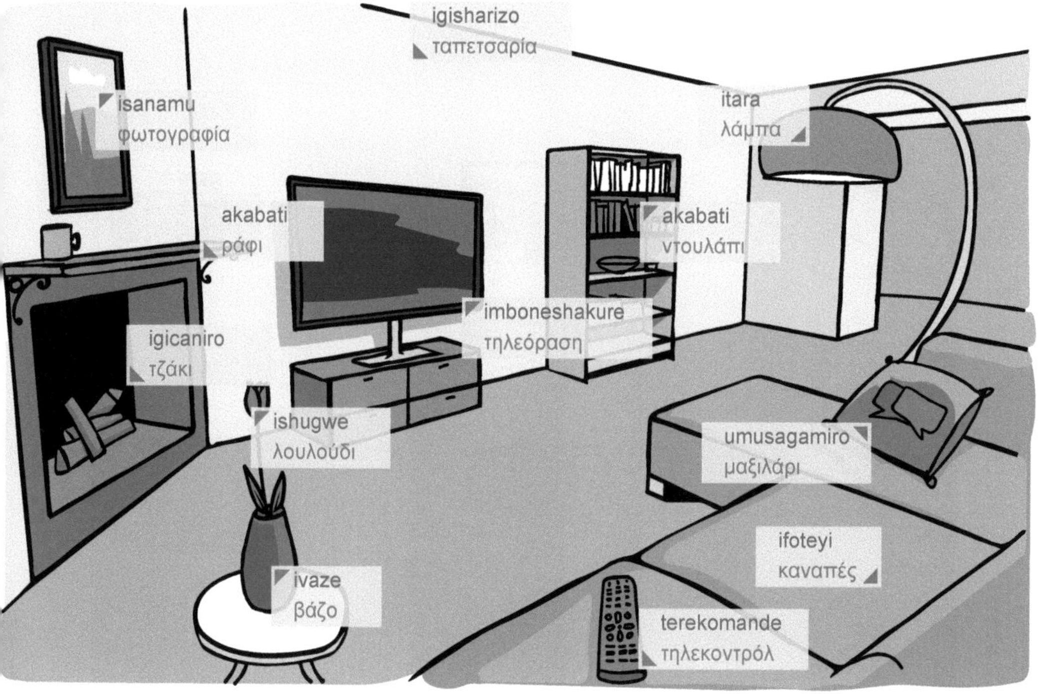

igisharizo
ταπετσαρία

isanamu
φωτογραφία

itara
λάμπα

akabati
ράφι

akabati
ντουλάπι

igicaniro
τζάκι

imboneshakure
τηλεόραση

ishugwe
λουλούδι

umusagamiro
μαξιλάρι

ifoteyi
καναπές

ivaze
βάζο

terekomande
τηλεκοντρόλ

itapi
χαλί

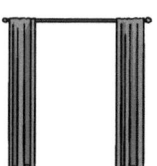

irido
κουρτίνα

ameza
τραπέζι

intebe
καρέκλα

intebe icundera
κουνιστή πολυθρόνα

ifoteyi
πολυθρόνα

igitabo

βιβλίο

ikirengeti

κουβέρτα

ibitako

διακόσμηση

inkwi

καυσόξυλα

ireresi

ταινία

ivyuma vy' umuziki

στερεοφωνικό σύστημα

urufunguruzo

κλειδί

ikinyamakuru

εφημερίδα

gusiga amarangi

πίνακας ζωγραφικής

isanamu nini

αφίσα

insamirizi

ραδιόφωνο

ikaye ndangaminsi

σημειωματάριο

asipirateri

ηλεκτρική σκούπα

icimera bita cactus

κάκτος

ibuji

κερί

34

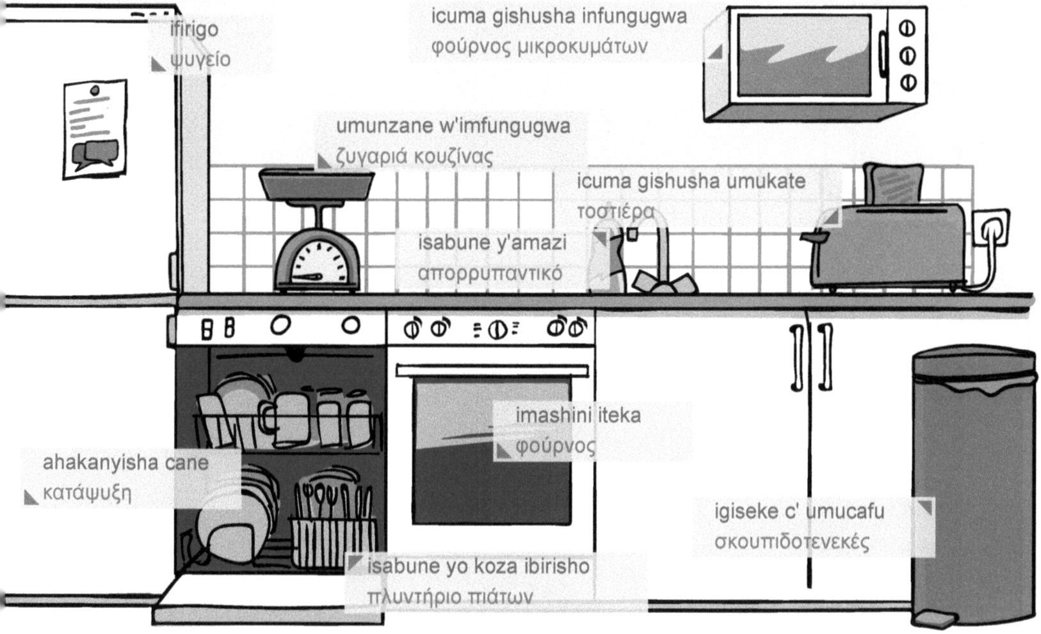

icuma gishusha infungugwa
φούρνος μικροκυμάτων

ifirigo
ψυγείο

umunzane w'imfungugwa
ζυγαριά κουζίνας

icuma gishusha umukate
τοστιέρα

isabune y'amazi
απορρυπαντικό

imashini iteka
φούρνος

ahakanyisha cane
κατάψυξη

igiseke c' umucafu
σκουπιδοτενεκές

isabune yo koza ibirisho
πλυντήριο πιάτων

ishiga

κουζίνα

isafuriya

κατσαρόλα

isafuriya y' icuma

μαντεμένια κατσαρόλα

ipanu bita wok

γουόκ/καντάι

ipanu

τηγάνι

akuma gashusha amazi

βραστήρας

isafuriya itekesha umuhisha

ατμομάγειρας

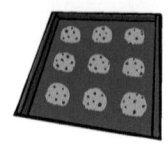

ico bakorerako imikate

ταψί

ibirisho

πιατικά

igikombe

κούπα

ibakure

μπολ

uduti two kurisha

ξυλάκια

icaruzo c' isupu

κουτάλα

ikimamiro

σπάτουλα

agakubitisho

ανακατεύω

imashini isya ibifungurwa

σουρωτήρι

akayunguruzo

σουρωτηράκι

agakatakata imfungugwa

τρίφτης

agasekuro

γουδί

icokerezo

ψησταριά

urucaniro

ανοιχτή φωτιά

urubaho rwo gukatirako

σανίδα κοπής

akabaho bakoresha spageti

πλάστης

urupfunguzo rw'umuvinyu

ανοιχτήρι φελλών

agasandugu

κονσέρβα

urupfunguzo
rw'agasandugu
ανοιχτήρι κονσέρβας

ivyo gufatisha isafuriya
ishushe

γάντι φούρνου

icogerezo

νεροχύτης

uburoso

βούρτσα

ivyogesho

σφουγγάρι

imigiseri

μπλέντερ

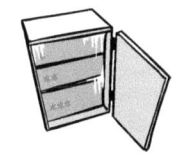

frigo nini ikanyisha cane

καταψύκτης

bibero

μπιμπερό

ivomo

βρύση

ubwogero
μπάνιο

imashini ishusha mu nzu
θέρμανση
isume
πετσέτα
kwoga
ντους
rido yo muri dushe
κουρτίνα ντουζ
koga mu mazi arimwo ifuro ryinshi
αφρόλουτρο
benywari
μπανιέρα
ikirahuri
ποτήρι
imashini imesura
πλυντήριο ρούχων
ivomo
βρύση
amategura
πλακάκια
agasafuriya
γιογιό
icogerezo
νεροχύτης

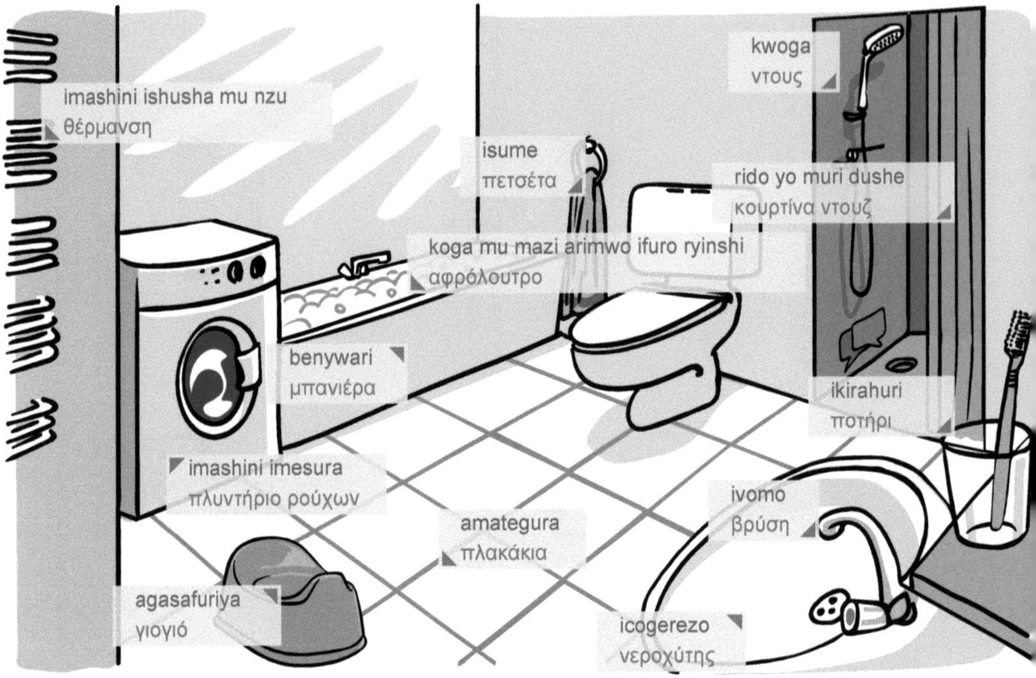

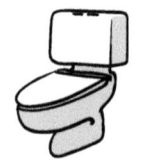

Akazu ka surwumwe

τουαλέτα

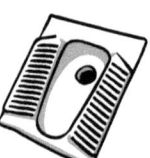

akazu ka surwumwe k'ikirundi

τούρκικη τουαλέτα

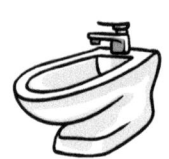

akantu gatoya bogeraho

μπιντές

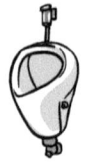

aho basoba

ουρητήριο

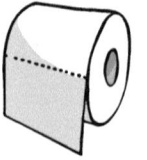

ibikaratase vyo kwi sukuza mu nzu ya surwumwe

χαρτί υγείας

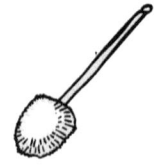

uburoso bwoza akazu ka surwumwe

πιγκάλ

umujigiti

οδοντόβουρτσα

umuti wo koza amenyo

οδοντόκρεμα

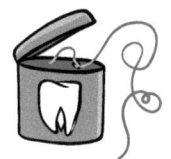

utugozi two gusukura amenyo

οδοντικό νήμα

koza

πλένω

ikinyuko

τηλέφωνο ντους

ubwoko bwa dushe

ντουσιέρα

ico bakarabiramo intoki

λεκάνη

uburoso busukura mu mugongo

βούρτσα πλάτης

isabune

σαπούνι

isabuni yo kwoga

αφρόλουτρο

shampo

σαμπουάν

agatambara ko kwisukura

φανέλα

umuringoti

σιφόνι

amavuta yo kwisiga

κρέμα

iparufe yo mu kwaha

αποσμητικό

icirore

καθρέφτης

icirore

καθρέφτης χειρός

imashini imwa ubwanwa

ξυραφάκι

ifuro ryo kumwa ubwanwa

αφρός ξυρίσματος

umuti basiga aho bamoye

αφτερσέιβ

igisokozo

χτένα

uburoso

βούρτσα

akuma kumutsa umushatsi

σεσουάρ

amavuta bapuriza mu mushatsi

λακ

ibikoresho vyo kwipodora

μακιγιάζ

amavuta afise ibara yo k'umunywa

κραγιόν

verni y'inzara

βερνίκι νυχιών

ipampa

βαμβάκι

umukasi uca inzara

ψαλίδι νυχιών

iparufe

άρωμα

agasaho k' ivyo kwisukura
ku rugendo

νεσεσέρ

agatebe

σκαμπό

umunzane

ζυγαριά

penywari

μπουρνούζι

udufuko tw' intoke iyo
bakora isuku

ελαστικά γάντια

kotegisi

ταμπόν

kotegisi

πετσέτα υγιεινής

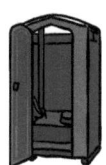

ubwoko bw'akazu ka
surwumwe

χημική τουαλέτα

icumba c' umwana

παιδικό δωμάτιο

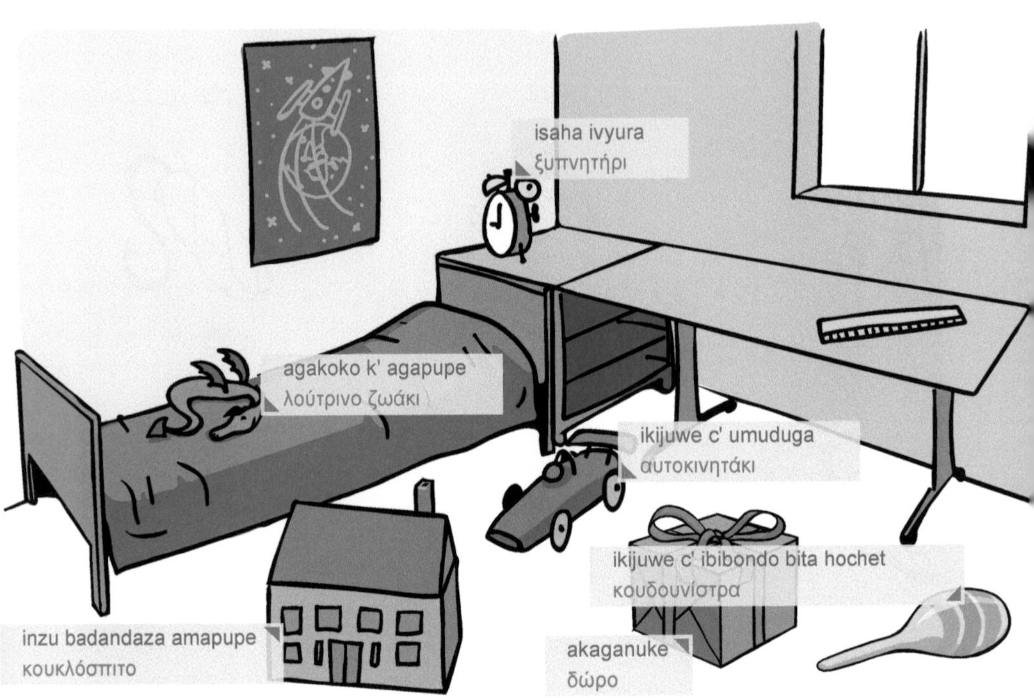

isaha ivyura
ξυπνητήρι
agakoko k' agapupe
λούτρινο ζωάκι
ikijuwe c' umuduga
αυτοκινητάκι
ikijuwe c' ibibondo bita hochet
κουδουνίστρα
inzu badandaza amapupe
κουκλόσπιτο
akaganuke
δώρο

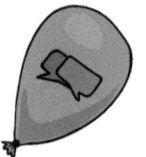

igipurizo

μπαλόνι

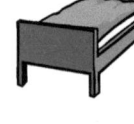

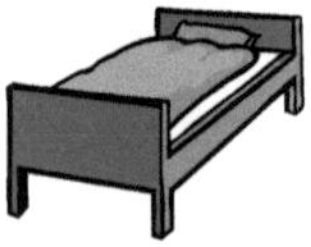

uburiri

κρεβάτι

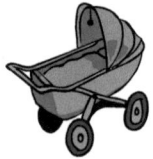

καροτσάκι

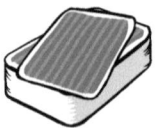

urukino rw' ikarata

τράπουλα

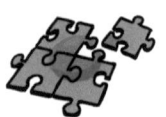

urukino bita puzile

παζλ

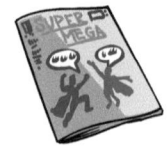

ibitabo vy' amashusho

κόμικς

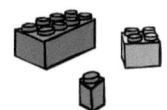

urukino bita lego

τουβλάκια lego

ibijuwe vyo kubaka

τουβλάκια κατασκευών

ipupe

φιγούρα δράσης

impuzu yo kurarana y abana

βρεφικό φορμάκι

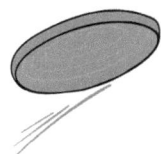

urukino bita frisbi

φρίσμπι

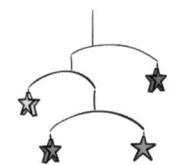

udukinisho two ku buriri bw' ibibondo

μόμπιλο

urukino rwo kumeza

επιτραπέζιο παιχνίδι

agakinisho bita de

ζάρια

gari ya moshi z' ibikinisho

σετ τρενάκι

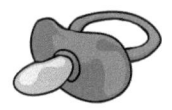

madanganya

πιπίλα

umunsi mukuru

πάρτι

igitabo c' ibicapo

εικονογραφημένο βιβλίο

umupira

μπάλα

igipupe

κούκλα

gukina

παίζω

umusenyi abana
bakiniramwo

σκάμμα με άμμο

uruvuma

κούνια

ikijuwe

παιχνίδια

urukino nyabwonko

κονσόλα βιντεοπαιχνιδιών

ikinga ry'amapine atatu

τρίκυκλο

igikoko bita ours c 'ikijuwe

αρκουδάκι

akabati k' impuzu

ντουλάπα

impuzu

ρούχα

amashesheti

κάλτσες

amashesheti maremare

καλτσοδέτες

ubwoko bw'impuzu zifata
kandi zigaruka cane

καλσόν

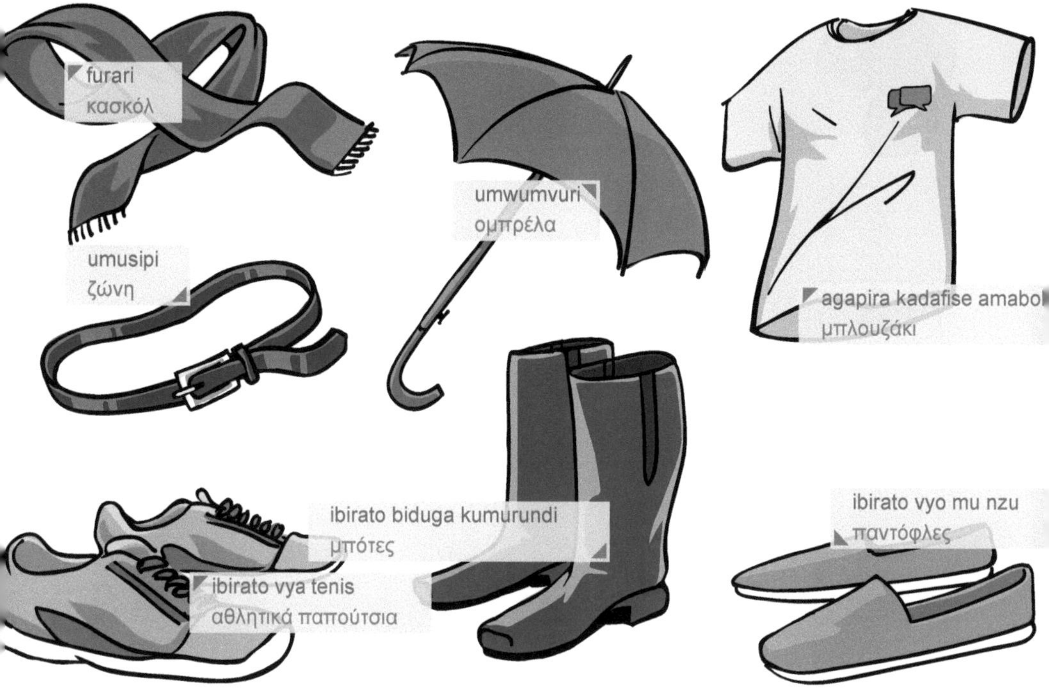

furari
κασκόλ

umwumvuri
ομπρέλα

agapira kadafise amabo
μπλουζάκι

umusipi
ζώνη

ibirato biduga kumurundi
μπότες

ibirato vyo mu nzu
παντόφλες

ibirato vya tenis
αθλητικά παπούτσια

isandari

σανδάλια

ibirato

παπούτσια

ingamiya

γαλότσες

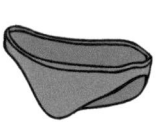

imwesho

εσώρουχο

isutiye

σουτιέν

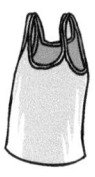

isengeri

φανέλα

impuzu - ρούχα

impuzu z' imbere

σώμα

ipantaro

παντελόνι

ijinisi

τζιν παντελόνι

ijipo

φούστα

agashati koroshe kabagore

μπλούζα

ishati

πουκάμισο

umupira w' imbeho

πουλόβερ

umupira w'imbeho ufise inkofero

πουλόβερ

blazeri

σακάκι

ikoti

μπουφάν

ikoti rirerire

παλτό

ikoti y'imvura

αδιάβροχο πανωφόρι

kositime

κοστούμι

ikanzu

φόρεμα

ikazu y'umugeni

νυφικό

kositime

κοστούμι

ikanzu yo kurarana

νυχτικό

impuzu z' ijoro

πιτζάμες

imvutano z'abahindi

σάρι

igitambara co mu mutwe

μαντήλι

igitambara co mu mutwe
bita turban

τουρμπάνι

impuzu z' abasiramukazi

μπούρκα

ikanzu bita kaftan

καφτάνι

impuzu y' abasiramu

μουσουλμανικό ένδυμα

impuzu yo kogana

ολόσωμο μαγιό

impuzu yo kwogana
y'abagabo

ανδρικό μαγιό

imwesho

σορτς

itereningi

αθλητική φόρμα

itaburiya

ποδιά

udufuko tw' intoke

γάντια

impuzu - ρούχα

igifungo

κουμπί

amarori

γυαλιά

igikomo

βραχιόλι

akadede

περιδέραιο

impeta

δαχτυλίδι

ihereni

σκουλαρίκι

inkofero

καπέλο

porutemanto

κρεμάστρα

inkofero

καπέλο

karavate

γραβάτα

imashini

φερμουάρ

inkofero yo kwikingira

κράνος

imisipi

τιράντες

impuzu y' ishure

μαθητική στολή

umwambaro rusangi
w'ahantu

στολή

utwo bambika ibibondo iyo birya
....
σαλιάρα

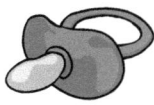

madanganya
....
πιπίλα

iranje
....
πάνα

ibiro
γραφείο

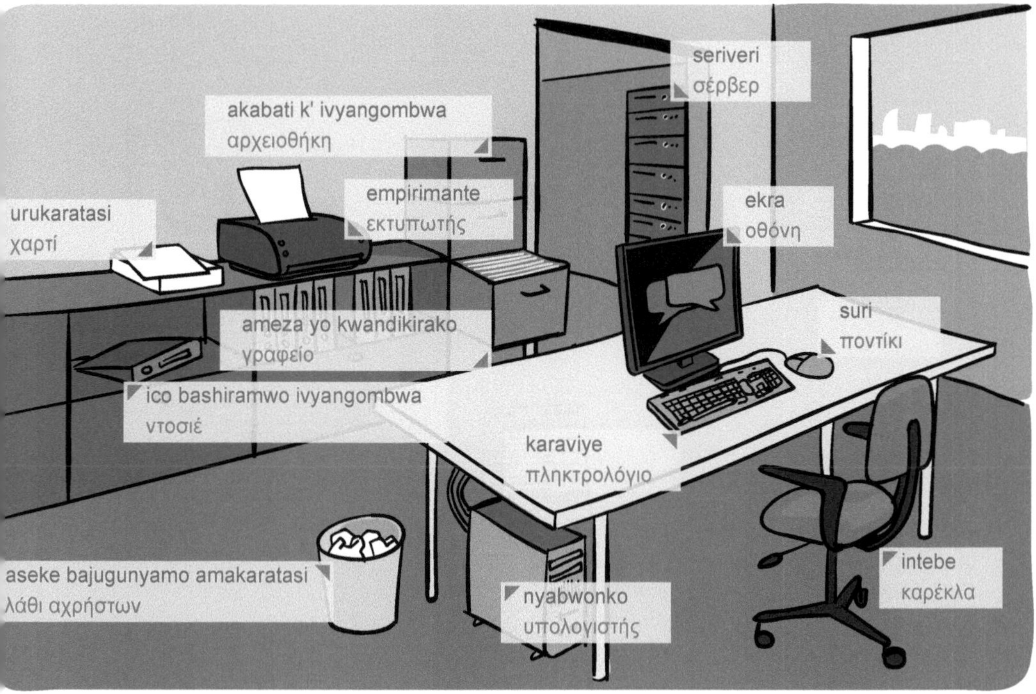

akabati k' ivyangombwa
αρχειοθήκη

seriveri
σέρβερ

urukaratasi
χαρτί

empirimante
εκτυπωτής

ekra
οθόνη

ameza yo kwandikirako
γραφείο

suri
ποντίκι

ico bashiramwo ivyangombwa
ντοσιέ

karaviye
πληκτρολόγιο

aseke bajugunyamo amakaratasi
λάθι αχρήστων

nyabwonko
υπολογιστής

intebe
καρέκλα

igikombe c' ikawa
....
κούπα του καφέ

imashini iharura
....
κομπιουτεράκι

ubuhinga ngurukanabumenyi
ίντερνετ

ibiro - γραφείο 49

inyabwonko ngendanwa

λάπτοπ

ikete

γράμμα

ubutumwa

μήνυμα

telefoni ngendanwa

κινητό

rezo

δίκτυο

fotokopiyeze

φωτοτυπικό μηχάνημα

rojisiyeri

λογισμικό

telefoni

τηλέφωνο

purize

πρίζα

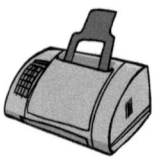

fagisi

συσκευή φαξ

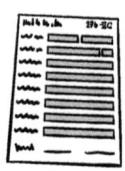

urukaratasi rwo kuzuza

έντυπο

icangombwa

έγγραφο

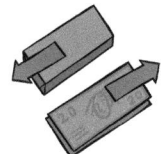

kugura
αγοράζω

kuriha
πληρώνω

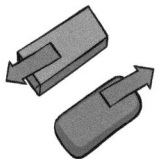

kudandaza
συναλλάσσομαι

amahera
χρήματα

idorari
δολάριο

iyero
ευρώ

iyene
γιεν

amahera y' abarusiya
ρούβλι

amahera y' abasuwisi
ελβετικό φράγκο

amahera bita renmimbi
yuan
ρενμίνμπι γιουάν

amahera bita rupi
ρουπία

icuma gitanga amahera
ATM (αυτόματη ταμειακή
μηχανή)

ku bavunjayi

ανταλλακτήρια συναλλάγματος

inzahabu

χρυσός

umujumbu

ασήμι

ipeteroli

πετρέλαιο

inguvu

ενέργεια

ikiguzi

τιμή

amasezerano

συμβόλαιο

amakori

φόρος

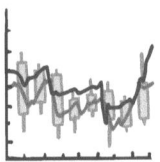

igice

μετοχή

gukora

δουλεύω

umukozi

υπάλληλος

umukoresha

εργοδότης

ihinguriro

εργοστάσιο

akaduka

κατάστημα

imirimo
επαγγέλματα

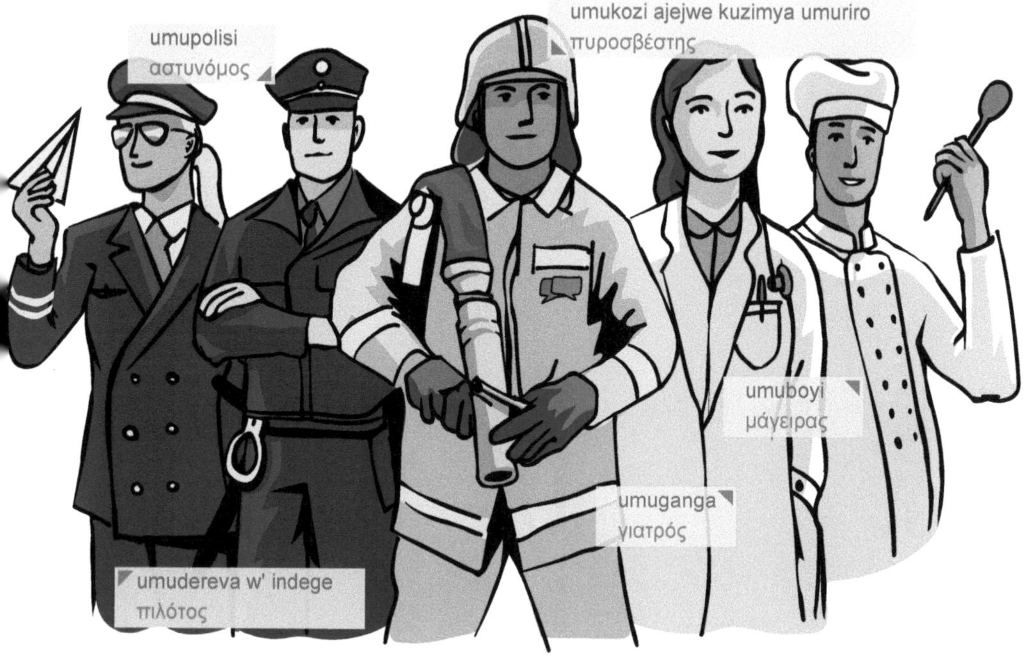
umupolisi
αστυνόμος
umukozi ajejwe kuzimya umuriro
πυροσβέστης
umuboyi
μάγειρας
umuganga
γιατρός
umudereva w' indege
πιλότος

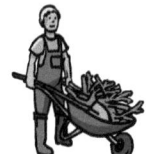

umukozi akora murikarima

κηπουρός

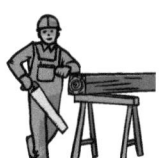

umubaji

ξυλουργός

umushonyi

μοδίστρα

umucamanza

δικαστής

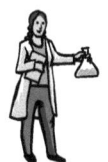

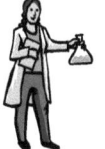

umuhinga mu vya chimie

χημικός

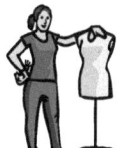

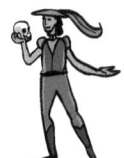

umukinyi w'amareresi

ηθοποιός

umudereva w' ibisi

οδηγός λεωφορείου

umudereva w' itagisi

ταξιτζής

umurovyi

ψαράς

umuzezwanzukazi

καθαρίστρια

sharupantiye

τεχνίτης στεγών

umukozi wo muburiro n'ubunywero

σερβιτόρος

umuhigi

κυνηγός

umufundi w' amarangi

ζωγράφος

umuntu akora imikate

αρτοποιός

umufundi w' amatara

ηλεκτρολόγος

umwubatsi

οικοδόμος

enjeniyeri

μηχανολόγος

umuyangayanga

κρεοπώλης

umufundi w' amazi

υδραυλικός

umuparanto

ταχυδρόμος

umusoda

στρατιώτης

umuntu acapa inyubako

αρχιτέκτονας

umuntu yakira amahera

ταμίας

umukozi ajejwe amashugwe

ανθοπώλης

kimyozi

κομμωτής

kontororeri

ελεγκτής εισιτηρίων

umufundi w' imiduga

μηχανικός

umudereva w' ubwato

καπετάνιος

umuganga w' amenyo

οδοντίατρος

umuhinga mu vya siyansi

επιστήμονας

umuhinga mu bayahudi bita
rabi

ραβίνος

imame

ιμάμης

umuvugiramana

μοναχός

umuvugiramana

ιερέας

ibikoresho vy' ubwubatsi

εργαλεία

ipensi
πένσα
inyundo
σφυρί
turunevisi
κατσαβίδι
isitimu
φακός
urufunguruzo
Γαλλικό κλειδί

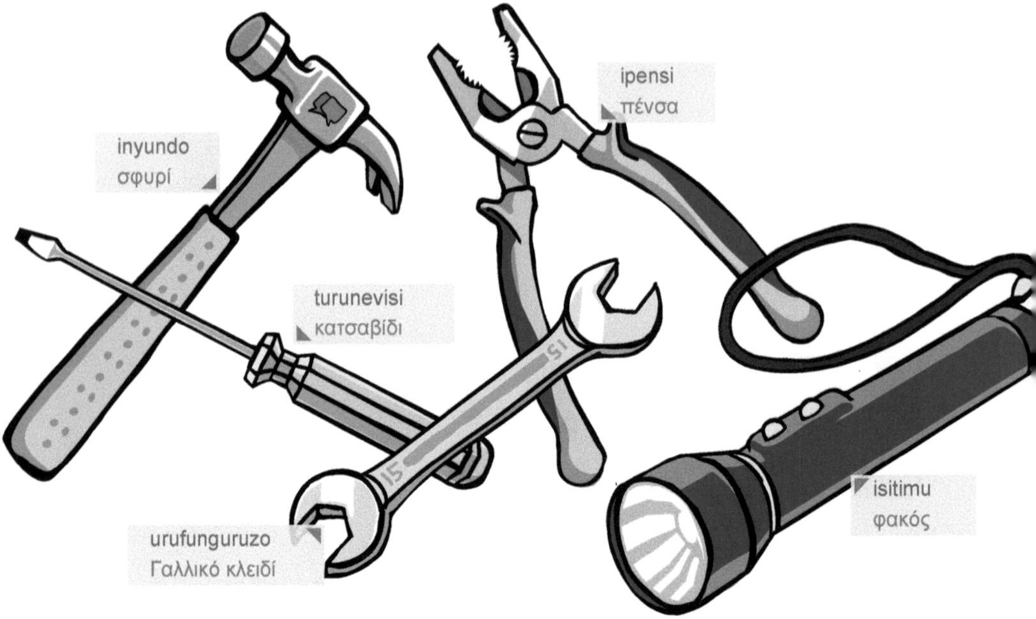

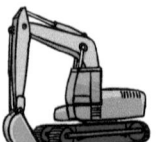

tingatinga

εκσκαφέας

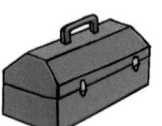

isaho y' ibikoresho

εργαλειοθήκη

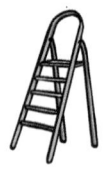

ingazi

σκάλα

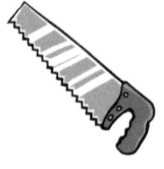

umusumeno

πριόνι

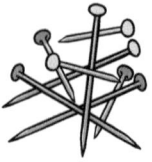

imisumari

καρφιά

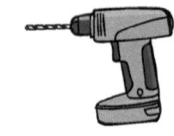

icuma bita foreuse

τρυπάνι

gukora

επισκευάζω

igipawa

φτυάρι

asyi!

Να πάρει!

agaterura umucafu

φαράσι

indobo y' irangi

δοχείο χρωμάτων

ivis

βίδες

ivyuma vyo gucuraranga
μουσικά όργανα

icuma ca musika bita batterie
ντραμς

icuma bita Haut parleur
μεγάφωνο

igitari
κιθάρα

icuma ca musika bita contrebasse
κοντραμπάσο

icuma ca musika bita trompette
τρομπέτα

icuma ca musika bita piano

....

πιάνο

icuma ca musika bita violon

....

βιολί

gitare icuranga Bass

....

μπάσο

icuma ca musika bita
timbale
....
τύμπανα

ingoma

....

τύμπανο

icuma ca musika bita piano
electrique
....
πλήκτρα

icuma ca musika bita
saxophone
....
σαξόφωνο

umwirongi

....

φλάουτο

mikoro

....

μικρόφωνο

iratiro ry' ibikoko
ζωολογικός κήπος

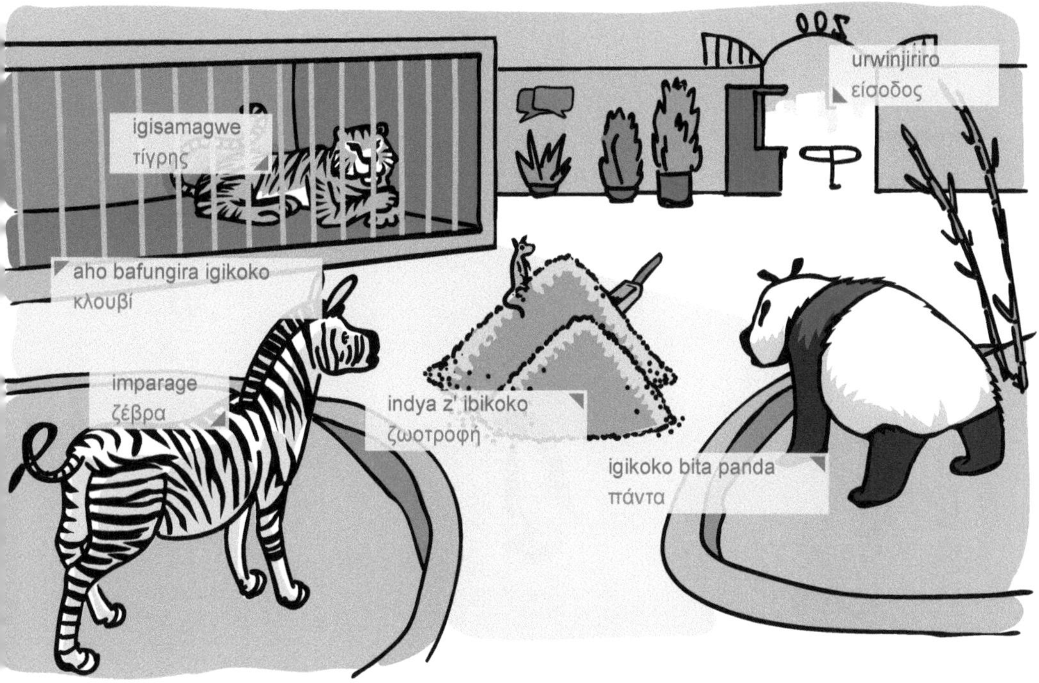

zoo
urwinjiriro
είσοδος
igisamagwe
τίγρης
aho bafungira igikoko
κλουβί
imparage
ζέβρα
indya z' ibikoko
ζωοτροφή
igikoko bita panda
πάντα

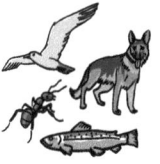

ibikoko

ζώα

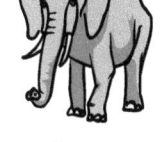

inzovu

ελέφαντας

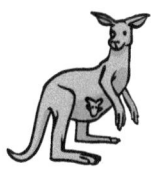

Kanguru

καγκουρό

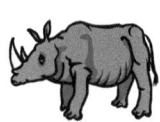

igikoko bita Rhynoceros

ρινόκερος

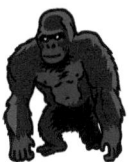

inguge

γορίλας

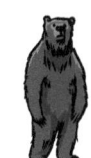

igikoko bita ours

αρκούδα

ingamiya

καμήλα

inyoni bita autriche

στρουθοκάμηλος

intare

λιοντάρι

inkende

πίθηκος

inyoni bita flamant rose

φλαμίνγκο

gasuku

παπαγάλος

igikoko bita ours blanc

πολική αρκούδα

inyoni bita pinguin

πιγκουίνος

ifi bita requin

καρχαρίας

inyoni bita paon

παγώνι

inzoka

φίδι

ingona

κροκόδειλος

umurinzi w' iratiro ry' ibikoko

φύλακας ζωολογικού κήπου

igikoko bita phoque

φώκια

igikoko bita jaguar

τζάγκουαρ

ubwoko bw' ifarasi bita pony

πόνυ

ingwe

λεοπάρδαλη

imvubu

ιπποπόταμος

umusumbarembo

καμηλοπάρδαλη

agaca

αετός

ingurube y' ishamba

αγριογούρουνο

ifi

ψάρι

akanyamasyo

χελώνα

igikoko bita morse

θαλάσσιος ίππος

imbwebwe

αλεπού

ingeregere

γαζέλα

urukino rwa football yo muri amerika
Αμερικάνικο ποδόσφαιρο

ugusiganwa ku makinga
ποδηλασία

urukino rwa tennis
αντισφαίριση

urukino rwa basketball
μπάσκετ

koga
κολύμβηση

urukino rw' ingumu
πυγχαμία

urukino rwa ice-hockey
χόκεϋ επί πάγου

umupira w'amaguru
ποδόσφαιρο

urukino rwa badminton
μπάντμιντον

ubunonotsi
στίβος

urukino rwa handball
χάντμπολ

urukino rwa ski
σκι

urukino rwa Polo
πόλο

imirimo
δραστηριότητες

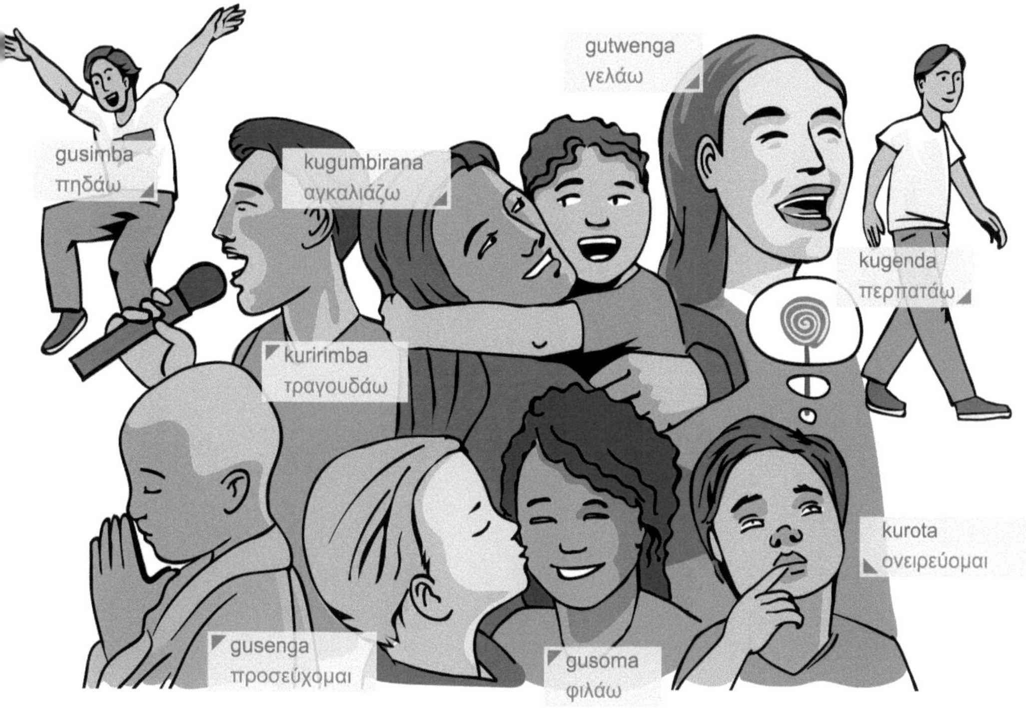
gutwenga
γελάω
gusimba
πηδάω
kugumbirana
αγκαλιάζω
kugenda
περπατάω
kuririmba
τραγουδάω
kurota
ονειρεύομαι
gusenga
προσεύχομαι
gusoma
φιλάω

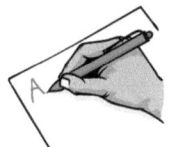

kwandika
γράφω

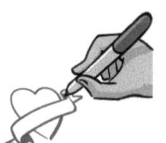

gucapa
σχεδιάζω

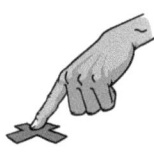

kwereka
δείχνω

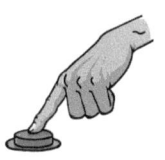

gusuguma
πιέζω

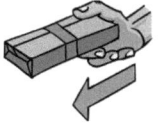

gutanga
δίνω

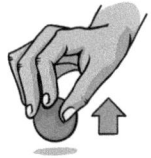

gutora
παίρνω

kugira

έχω

kugira

κάνω

kuba

είμαι

guhagarara

στέκομαι

kwiruka

τρέχω

gukwega

τραβάω

guta

ρίχνω

gutemba

πέφτω

kurambarara hasi

ξαπλώνω

kurindira

περιμένω

gutwara

κουβαλώ

kwicara

κάθομαι

kwambara

φοράω

kuryama

κοιμάμαι

kuvyuka

ξυπνάω

kuraba
κοιτάω

kurira
κλαίω

kwagaza
χαϊδεύω

gusokoza
χτενίζω

kuvuga
μιλάω

gutahura
καταλαβαίνω

kubaza
ρωτάω

kumviriza
ακούω

kunywa
πίνω

gufungura
τρώω

gutondeka
συγυρίζω

gukunda
αγαπάω

guteka
μαγειρεύω

gutwara
οδηγώ

kuguruka
πετάω

kugira siporo bita voile

κάνω ιστιοπλοΐα

guharura

υπολογίζω

gusoma

διαβάζω

kwiga

μαθαίνω

gukora

δουλεύω

kurongora

παντρεύομαι

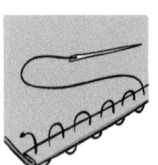

gushona

ράβω

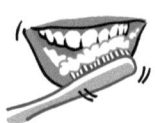

kwijigitura

βουρτσίζω τα δόντια

kwica

σκοτώνω

kunywa itabi

καπνίζω

kurungika

στέλνω

umuryango
οικογένεια

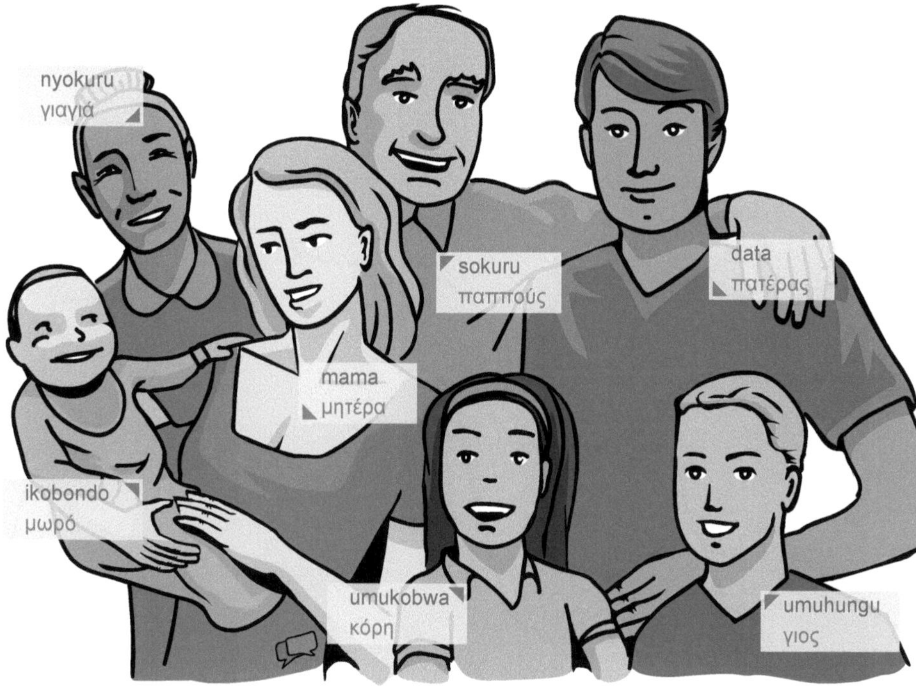
nyokuru
γιαγιά
sokuru
παππούς
data
πατέρας
mama
μητέρα
ikobondo
μωρό
umukobwa
κόρη
umuhungu
γιος

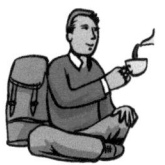

umushitsi

καλεσμένος

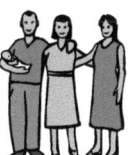

masenge

θεία

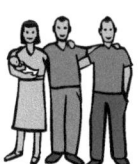

marume

θείος

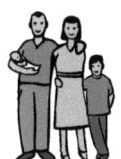

musaza w' umuntu

αδελφός

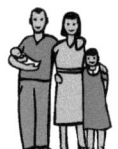

mushiki w' umuntu

αδελφή

umubiri

σώμα

agahanga
μέτωπο
ijisho
μάτι
urutugu
ώμος
urutoki
δάχτυλο
isura
πρόσωπο
agasakanwa
πιγούνι
ikiganza
χέρι
ukuguru
πόδι
agatuntu
στήθος
ukuboko
βραχίονας

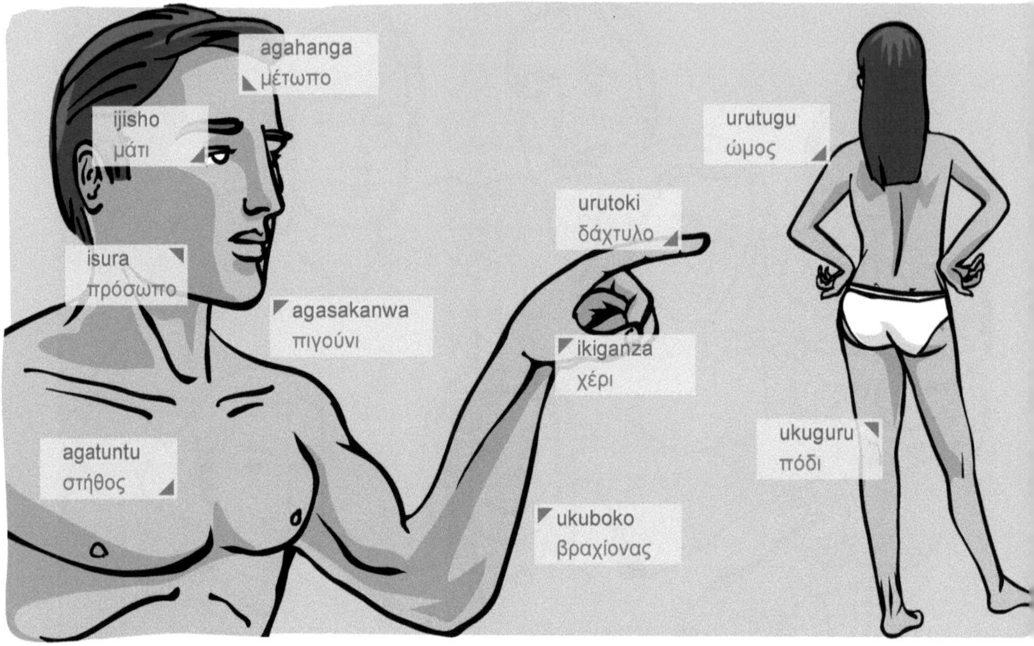

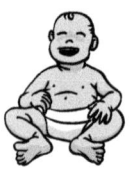

ikobondo

μωρό

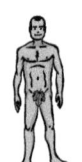

umugabo

άνδρας

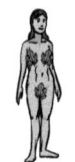

umugore

γυναίκα

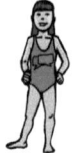

umwigeme

κορίτσι

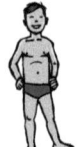

umuhungu

αγόρι

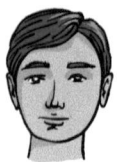

umutwe

κεφάλι

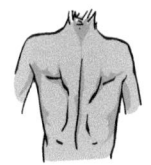

umugongo

πλάτη

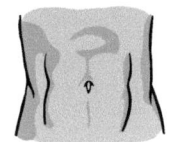

inda

κοιλιά

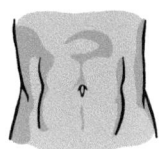

umukondo

αφαλός

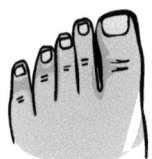

ino

δάχτυλο ποδιού

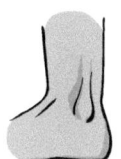

agatsintsiri

φτέρνα

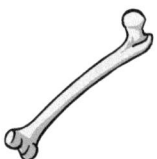

igufa

κόκκαλο

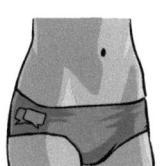

ku mafyigo

γοφός

ivi

γόνατο

inkokora

αγκώνας

izuru

μύτη

igisusu

γλουτός

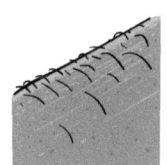

urukoba

δέρμα

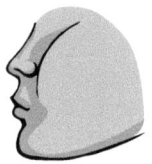

itama

μάγουλο

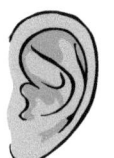

ugutwi

αυτί

umunwa

χείλος

umunwa

στόμα

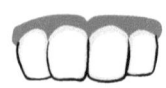

iryinyo

δόντι

ururimi

γλώσσα

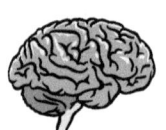

ubwonko

εγκέφαλος

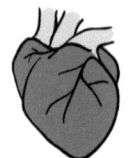

umutima

καρδιά

umutsi

μυς

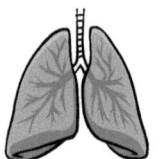

ihaha

πνεύμονας

igitigu

συκώτι

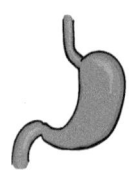

umushishito

στομάχι

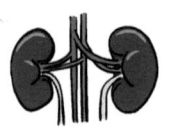

amafyigo

νεφρά

kurangura amabanga
y'abubatse

σεξουαλική επαφή

agapfuko

προφυλακτικό

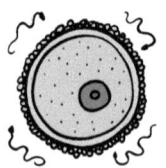

imbuto y' umugore

ωάριο

imbuto y'umugabo

σπέρμα

imbanyi

εγκυμοσύνη

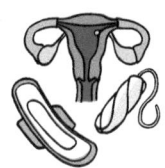

kuja mu kwezi

περίοδος

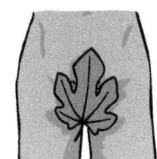

igituba

γυναικείος κόλπος

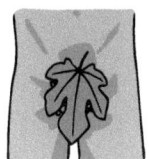

imboro

πέος

ingohe

φρύδι

umushatsi

μαλλιά

izosi

λαιμός

ibitaro

νοσοκομείο

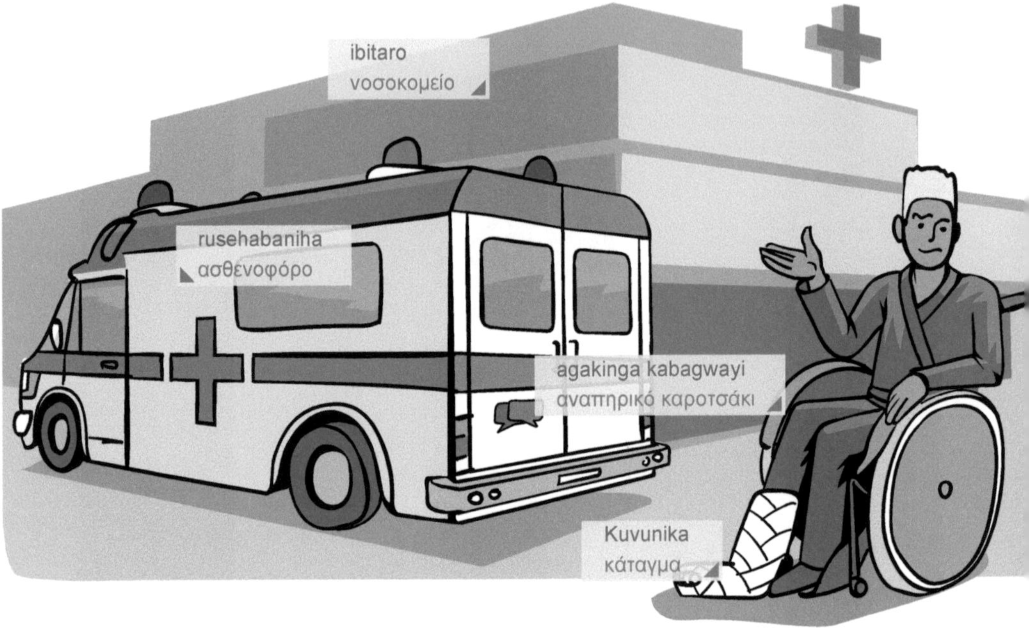

ibitaro
νοσοκομείο
rusehabaniha
ασθενοφόρο
agakinga kabagwayi
αναπηρικό καροτσάκι
Kuvunika
κάταγμα

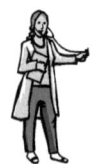

umuganga

γιατρός

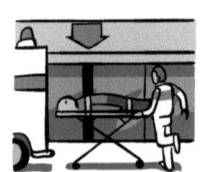

mundembe

μονάδα εντατικής θεραπείας

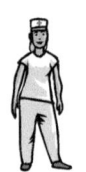

umuforomokazi

νοσοκόμα

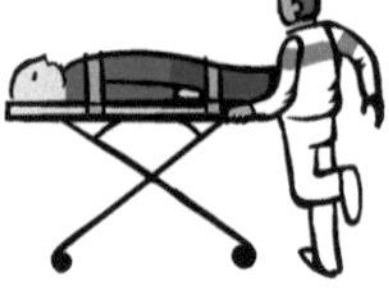

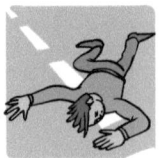

irijanse

έκτακτη ανάγκη

guta ubwenge

λιπόθυμος

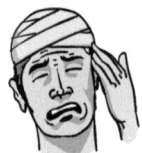

ububabare

πόνος

igikomere

τραύμα

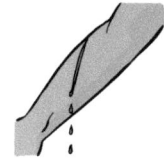

kuva amaraso

αιμορραγία

uguhagarara k' umutima

έμφραγμα

kuvira indani

εγκεφαλικό

guhurirwa

αλλεργία

inkorora

βήχας

ubushuhe bw'umubiri

πυρετός

giripe

γρίπη

gucibwamwo

διάρροια

kumeneka umutwe

πονοκέφαλος

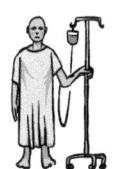

Kanseri

καρκίνος

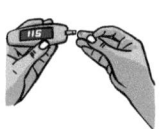

Diyabeti

διαβήτης

muganga ajejwe kubaga

χειρουργός

akuma ka muganga ubaga

νυστέρι

kubagwa

εγχείρηση

sikaneri

αξονική τομογραφία

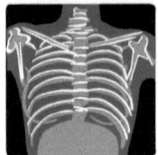

radiyogarafi

ακτινογραφία

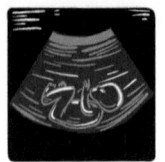

ekogarafi

υπέρηχος

masike

μάσκα

indwara

ασθένεια

aho kurindirira

αίθουσα αναμονής

icishimikizo

πατερίτσα

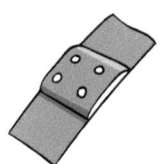

gufuka igikomere

χάνσαπλαστ

gufuka igikomere

επίδεσμος

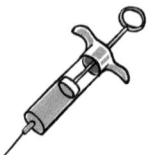

gutera urushinge

ένεση

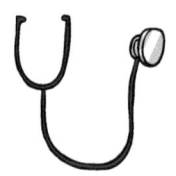

icuma cumviriza amahaha
n'umutima

στηθοσκόπιο

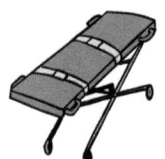

ingovyi

φορείο

igipima umuriro w' umubiri

θερμόμετρο

kuvuka

γέννηση

umuvyibuho urengeje

υπέρβαρο

igifasha umuntu kumva neza

ακουστικό βαρηκοΐας

imiti y' ibikomere

αντισηπτικό

kwandura

λοίμωξη

umugera

ιός

umugera wa sida

HIV/AIDS

ubuvuzi

φάρμακο

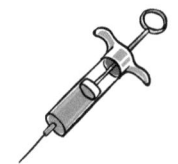

guhabwa urucanco

εμβολιασμός

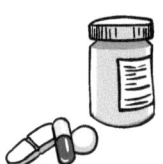

ibinini

δισκία

ikinini mbonezamvyaro

χάπι

telefone itabaza

κλήση έκτακτης ανάγκης

igipima umuvuduko w' amaraso

πιεσόμετρο αίματος

arwaye / akomeye

άρρωστος / υγιής

muntabare! Βοήθεια!	 ikengere συναγερμός	 igitero βιαιοπραγία
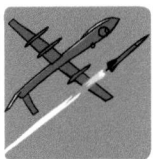 igitero επίθεση	 ibihe bikomeye κίνδυνος	 icanzo έξοδος κινδύνου
umuriro! Φωτιά!	 ikizimyamwoto πυροσβεστήρας	 isanganya ατύχημα
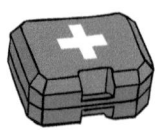 isanduku y' ubutabazi κουτί πρώτων βοηθειών	 ubutabazi SOS	 igipolisi αστυνομία

Buraya

Ευρώπη

Uburaruko bw' amerika

Βόρεια Αμερική

Ubumanuko bw' amerika

Νότια Αμερική

Afurika

Αφρική

Aziya

Ασία

Ositarariya

Αυστραλία

ibahari y' Antalantika

Ατλαντικός Ωκεανός

ibahari ya Pasifika

Ειρηνικός Ωκεανός

ibahari y' Ubuhinde

Ινδικός Ωκεανός

ibahari y' Antaragitika

Ανταρκτικός Ωκεανός

ibahari y' Aragitika

Αρκτικός Ωκεανός

Uburaruko bw' umubumbe w' isi

Βόρειος Πόλος

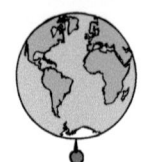

Ubumanuko bw' umubumbe
w' isi
....
Νότιος Πόλος

antaragitika
....
Ανταρκτική

isi
....
Γη

isi
....
γη

ibahari
....
θάλασσα

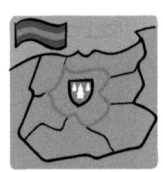

izinga
....
νησί

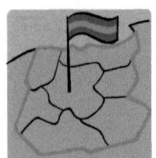

igihugu
....
έθνος

reta
....
πολιτεία

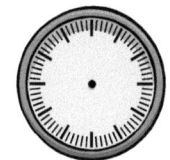

aho barabira isaha

καντράν ρολογιού

urushinge rw' amasaha

ωροδείκτης

urushinge rw' iminota

λεπτοδείκτης

urushinge rw' amasegonda

δείκτης δευτερολέπτων

ni gihe ki?

Τι ώρα είναι;

umunsi

ημέρα

igihe

χρόνος

ubu nyene

τώρα

isaha ya electronique

ψηφιακό ρολόι

umunota

λεπτό

isaha

ώρα

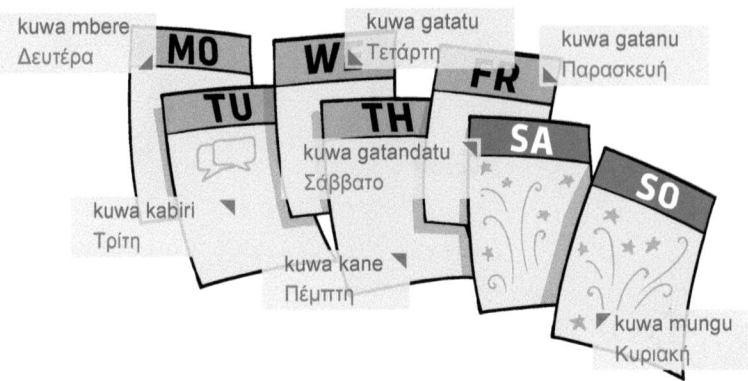

kuwa mbere
Δευτέρα

kuwa gatatu
Τετάρτη

kuwa gatanu
Παρασκευή

kuwa kabiri
Τρίτη

kuwa gatandatu
Σάββατο

kuwa kane
Πέμπτη

kuwa mungu
Κυριακή

ejo haheze

χθες

ubunyene

σήμερα

ejo hazoza

αύριο

mu gatondo

πρωί

sasita

μεσημέρι

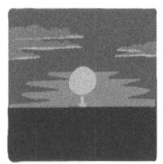

ku mugoroba

βράδυ

MO	TU	WE	TH	FR	SA	SU
1	2	3	4	5	6	7
8	9	10	11	12	13	14
15	16	17	18	19	20	21
22	23	24	25	26	27	28
29	30	31	1	3	3	4

iminsi y' ibikorwa

εργάσιμες ημέρες

MO	TU	WE	TH	FR	SA	SU
1	2	3	4	5	6	7
8	9	10	11	12	13	14
15	16	17	18	19	20	21
22	23	24	25	26	27	28
29	30	31	1	2	3	4

weekende

Σαββατοκύριακο

umwaka
έτος

imvura
βροχή
umunywamazi
ουράνιο τόξο
umuyaga
άνεμος
urubura
χιόνι
igihe c' umwaka bita printemps
άνοιξη
igihe c' umwaka bita Automne
φθινόπωρο
ici
καλοκαίρι
igihe c' umwaka bita hiver
χειμώνας

4.APRIL 11°
5.APRIL 4°
6.APRIL 13°
7.APRIL 8°
8.APRIL 10°

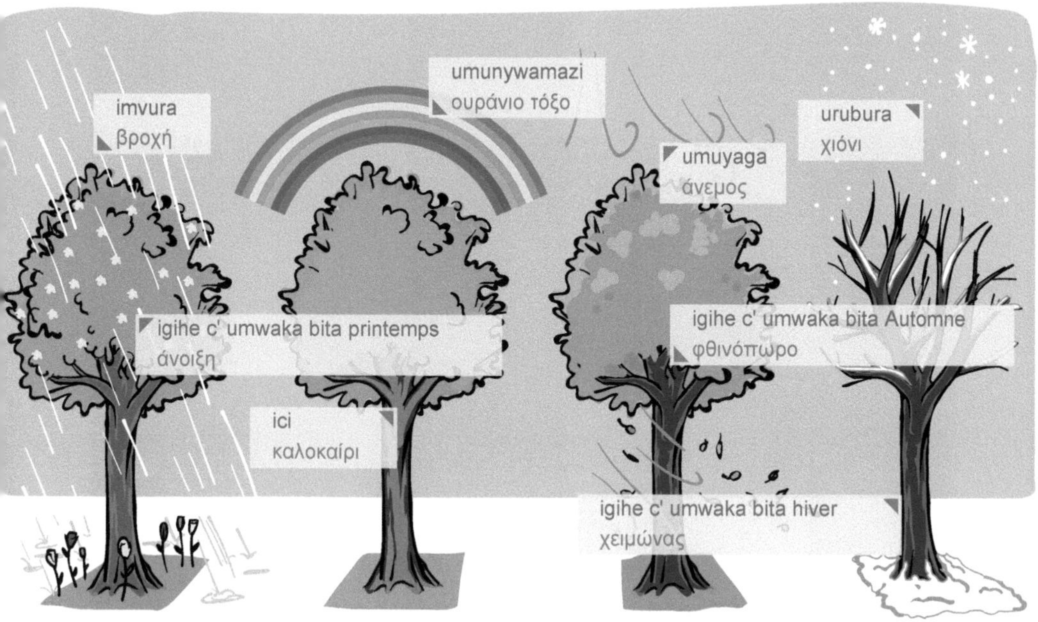

ikirangabihe

πρόγνωση καιρού

F
C
120
90
60
30
0
-30
40
30
20
10
0
-10
-20

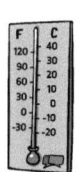

igipima ubushuhe bw' umubiri

θερμόμετρο

ubuseruko bw' izuba

λιακάδα

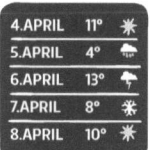

igicu

σύννεφο

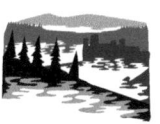

igipfungu

ομίχλη

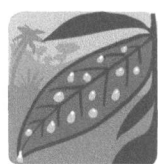

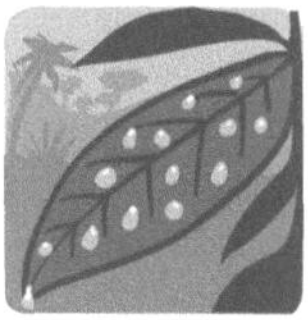

ifira

υγρασία

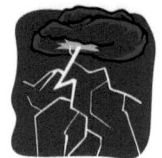

umuravyo

αστραπή

inkuba

κεραυνός

igihuhusi

καταιγίδα

urubura

χαλάζι

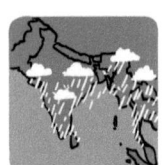

igihuhusi bita mousson

μουσώνας

umwuzure

πλημμύρα

ibarafu

πάγος

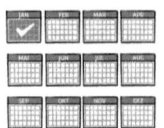

nzero

Ιανουάριος

ruhuhuma

Φεβρουάριος

ntwarante

Μάρτιος

ndamukiza

Απρίλιος

rusama

Μάιος

ruhenshi

Ιούνιος

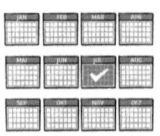

mukakaro

Ιούλιος

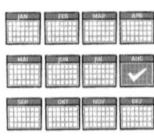

myandagaro

Αύγουστος

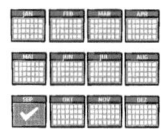

nyakanga

Σεπτέμβριος

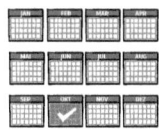

gitugutu

Οκτώβριος

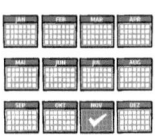

munyonyo

Νοέμβριος

migarama

Δεκέμβριος

forume geometrike

σχήματα

umuzingi

κύκλος

ikwadarato

τετράγωνο

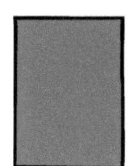

urikiramende

ορθογώνιο
παραλληλόγραμμο

inyabutatu

τρίγωνο

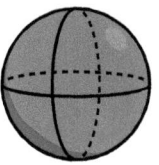

umubumbe

σφαίρα

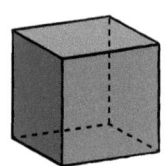

agasandugu

κύβος

ibara ryera

άσπρο

ibara ry' umuhondo

κίτρινο

ibara risa n' umucungwe

πορτοκαλί

ibara rya rose

ροζ

ibara ritukura

κόκκινο

ibara rya mauve

μωβ

ibara ry' ubururu

μπλε

ibara ry'icatsi kibisi

πράσινο

ibara ry' igihogo

καφέ

ibara rya gris

γκρι

ibara ryirabura

μαύρο

vyinshi / bikeyi

πολύ / λίγο

washavuye / utekereje

θυμωμένος / ήρεμος

mwiza / mubi

όμορφος / άσχημος

intanguriro / iherezo

αρχή / τέλος

kinini / gitoyi

μεγάλος / μικρός

gikeye / cijimye

φωτεινός / σκοτεινός

musaza w' umuntu / mushiki
w' umuntu

αδελφός / αδελφή

gisukuye / gicafuye

καθαρός / λερωμένος

gikwiye / gicagatiye

πλήρης / ατελής

umunsi / ijoro

ημέρα / νύχτα

wapfuye / ariho

νεκρός / ζωντανός

cagutse / caga

φαρδύς / στενός

kiryoshe / kibishe

βρώσιμος / μη βρώσιμος

umutima mubi / umutima mwiza

κακός / ευγενικός

anezerewe / arambiwe

ενθουσιασμένος / βαριεστημένος

kivyibushe / conze

παχύς / λεπτός

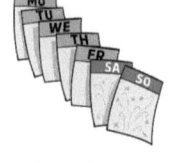

cambere / canyuma

πρώτος / τελευταίος

umugenzi / umwansi

φίλος / εχθρός

cuzuye / kiri gusa

γεμάτος / άδειος

kigumye / coroshe

σκληρός / μαλακός

kiremereye / gihwahutse

βαρύς / ελαφρύς

inzara / inyota

πείνα / δίψα

arwaye / akomeye

άρρωστος / υγιής

cemewe n'amategeko / kitemewe n'amategeko

παράνομος / νόμιμος

incabwenge / ikijuju

έξυπνος / χαζός

ibubamfu / iburyo

αριστερός / δεξιός

hafi / kure

κοντινός / μακρινός

gishasha / gishaje

καινούριος /
μεταχειρισμένος

ntaco / kiriho

τίποτα / κάτι

umutama / urwaruka

γέρος | νέος

kwatsa / kuzimya

αναμμένος / σβηστός

kugurura / kugara

ανοιχτός / κλειστός

gitekereje / gifise urwamo

χαμηλόφωνος /
μεγαλόφωνος

umutunzi / umukene

πλούσιος / φτωχός

nivyo / sivyo

σωστός / λανθασμένος

kigoramye / kigororotse

τραχύς / λείος

ashavuye / anezerewe

λυπημένος / χαρούμενος

kigufi / kirekire

κοντός / μακρύς

kigenda bukebuke /
kinyaruka

αργός / γρήγορος

gitose / cumye

υγρός / στεγνός

gishushe buhoro / gikanye
buhoro

ζεστός / δροσερός

intambara / amahoro

πόλεμος / ειρήνη

0	**1**	**2**
ubusa	rimwe	kabiri
μηδέν	ένα	δύο

3	**4**	**5**
gatatu	kane	gatanu
τρία	τέσσερα	πέντε

6	**7**	**8**
gatandatu	indwi	umunani
έξι	εφτά	οκτώ

9	**10**	**11**
icenda	cumi	cumi na rimwe
εννιά	δέκα	έντεκα

12

cumi na kabiri

δώδεκα

13

cumi na gatatu

δεκατρία

14

cumi na kane

δεκατέσσερα

15

cumi na gatanu

δεκαπέντε

16

cumi na gatandatu

δεκαέξι

17

cumi n' indwi

δεκαεφτά

18

cumi n' umunani

δεκαοκτώ

19

cumi n' icenda

δεκαεννέα

20

mirongo ibiri

είκοσι

100

ijana

εκατό

1.000

igihumbi

χίλια

1.000.000

umuriyoni

εκατομμύριο

Icongereza

Αγγλικά

Icongereza co muri Amerika

Αμερικάνικα Αγγλικά

Mandare kivugwa mu bushinwa

Μανδαρίνικα Κινέζικα

Igihinde

Χίντι

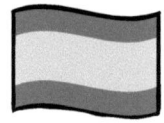

Ikispaniya

Ισπανικά

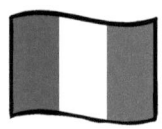

Igifaransa

Γαλλικά

Icarabu

Αραβικά

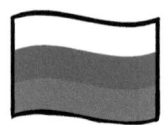

Ikirusiya

Ρώσικα

Igiporitigare

Πορτογαλικά

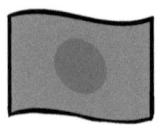

Ikibengare

Μπενγκάλι

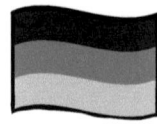

Ikidage

Γερμανικά

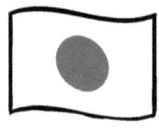

Ikiyapani

Ιαπωνικά

jewe

εγώ

wewe

εσύ

we / we / co

αυτός / αυτή / αυτό

twebwe

εμείς

mwebwe

εσείς

bo

αυτοί / αυτές / αυτά

inde?

ποιος / ποια / ποιο;

iki?

τι;

gute?

πώς;

hehe?

πού;

ryari?

πότε;

izina

όνομα

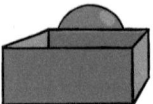

inyuma ya

πίσω

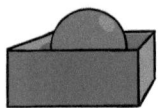

indani ya

μέσα

imbere ya

μπροστά

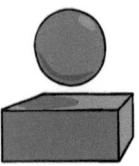

hejuru ya

πάνω από

ku

πάνω

munsi ya

κάτω

mu mbavu ya

δίπλα

hagati ya

ανάμεσα

ikibanza

μέρος